ARTE CLÁSICO

Y

BUEN GOBIERNO

ALEJANDRO PEÑA ESCLUSA

Segunda edición ampliada febrero 2024

Primera edición febrero de 2008

Correo electrónico: ape46@hotmail.com

Depósito Legal Número lf2522008800196

Caracas - Venezuela

Nota: Todos los enlaces electrónicos que aparecen en este texto fueron verificados el 27 de enero de 2024, fecha de cierre de la edición.

A mi amada esposa, Indira

A mis tres maravillosas hijas,

María Cecilia de los Ángeles

María Alejandra

María Angélica

Índice

Introducción

La década de los sesenta fue un período de superación y de optimismo. Se reconocían valores como la honestidad, el estudio, el trabajo, el mérito, el compromiso, la fidelidad, el servicio a los demás y la realización personal, dentro de la familia. La democracia se expandió, creció el número de naciones libres y el progreso económico era constante.

Gracias al Plan Marshall, Europa se encontraba en pleno crecimiento. En Iberoamérica mejoraban los servicios y disminuía la pobreza. Había un desarrollo científico y tecnológico acelerado. Personalmente recuerdo la llegada del hombre a la luna, lo cual permitía soñar con la conquista del Espacio. Había esperanza en el futuro. Los jóvenes no dudaban en casarse y tener hijos, porque confiaban en que sus vidas mejorarían.

Paralelamente, fui testigo de la aparición de nuevos movimientos sociales, caracterizados por valores de signo contrario, como lo fueron la corriente *hippie* y el pacifismo contra la guerra de Vietnam. Se generalizó la música rock, el consumo de las drogas, el libertinaje y la ruptura con el orden establecido, lo cual se hizo evidente en el festival de Woodstock y el *mayo francés*. Estaban en boga los libros de Herbert Marcuse y de Erich Fromm, como *Eros y civilización* y *El arte de amar*. Pude ver este fenómeno de cerca, puesto que en 1969 yo estudiaba en Estados Unidos.

Lo que parecía una moda, en realidad fueron las primeras manifestaciones de un proyecto neomarxista, impulsado por la Escuela de Frankfurt, cuyo impacto fue creciendo y profundizándose hasta llegar a lo que actualmente se denomina marxismo cultural (también progresismo o Wokismo).

Esta corriente ideológica –de corte materialista o inmanentista[1]– asegura que Dios no existe, y que el hombre es un animal inteligente, pero sin alma. Plantea, además, que no hay verdades absolutas, puesto que todas las opiniones son relativas y, por tanto, igualmente válidas. Según este criterio, el objetivo del ser humano es satisfacer sus propios deseos y disfrutar el aquí y el ahora.

El fruto amargo y venenoso del marxismo cultural es que, en la actualidad, el futuro se

---

[1] La concepción inmanentista de la existencia del ser humano pretende limitar ésta a la vida terrenal, negando la trascendencia del alma.

percibe lúgubre, y se vive bajo el temor de que se produzca un apocalipsis climático. Los jóvenes tienen miedo al porvenir. No solo evaden la opción de formar familia, sino que muchos de ellos no tienen claro cuál es el objetivo de sus vidas e incluso pierden un tiempo precioso, dudando sobre su propia identidad.

Pero el proceso de aniquilación y remplazo de los valores no podía lograrse sin el auxilio del arte, puesto que éste actúa de manera mucho más eficiente que la sola palabra, ya sea escrita o hablada. En efecto, las expresiones artísticas movilizan las emociones, superando las barreras de la razón y del entendimiento.

Cualquiera que haya presenciado el teatro del absurdo, la música atonal, la pintura abstracta, la escultura surrealista o el cine posmoderno, siente un enorme vacío, porque el arte neomarxista es feo, irracional y profundamente pesimista. Se exalta lo peor de la humanidad: los vicios, las bajezas, el crimen, y el sinsentido de la vida. Una muestra —entre muchas otras— de estas expresiones disparatadas e incoherentes es el urinario del francés Marcel Duchamp, el cual, increíblemente, fue votado por 500 artistas como la "obra de arte" más influyente del siglo XX[2].

---

[2] Olave, Ricardo. *El urinario de Duchamp: la polémica pieza*

Surge la pregunta: ¿Cómo lidiar con este cambio de paradigma? ¿Cómo recuperar el optimismo y la confianza en el futuro? ¿Cómo rescatar los valores que durante veinte siglos han proporcionado a Occidente una base sólida para su desarrollo? Pues bien, no basta condenar el progresismo, como de hecho muchas voces ya lo están haciendo. Hace falta también ofrecer una alternativa.

Las obras de los genios del arte clásico (como lo son Shakespeare, Schiller, Cervantes, Dante, Mozart, Beethoven, Verdi, Da Vinci, Raffello y Brunelleschi, entre tantos otros) enriquecen el espíritu, conmueven con su belleza, exaltan lo mejor de la humanidad, promueven las virtudes y, en última instancia, transmiten optimismo y confianza en el futuro.

En todas estas obras –sean de literatura, poesía, música o pintura– se anuncia a un Dios amoroso, se afirma que el ser humano está hecho a su imagen y semejanza, y se defiende la existencia de verdades inmutables, válidas para toda la humanidad, sin importar el tiempo y el lugar.

Soy hijo de esta época, y como tal absorbí la contracultura dominante, disfruté –y sigo

---

que cambió la percepción del arte. La Tercera. Febrero 2019. Disponible en http://tinyurl.com/2vn8ty2k

disfrutando– de la música rock, y he sido tan hedonista como cualquier otro. Sin embargo, desde joven pude entrar en contacto con el arte clásico. Todos los domingos, en la Universidad Central de Venezuela, se presentaban conciertos gratuitos de Bach, Mozart, Beethoven, Haydn y Vivaldi. Me interesé por leer El Quijote y el teatro de Shakespeare, así como por recitar la poesía de Sor Juana Inés de la Cruz.

Con el paso del tiempo, y sobre todo cuando entendí que el deterioro moral y cultural de Occidente no era casual, sino la consecuencia de un plan neomarxista, comencé a apreciar mucho más las grandes obras clásicas y valorarlas como herramientas de resistencia frente a este plan. En febrero de 2008 publiqué la primera edición de un ensayo, titulado *Arte clásico y buen gobierno,* y desde entonces me ha interesado mucho el tema.

mi larga lucha contra la tiranía en Venezuela, y contra el marxismo en Iberoamérica, el arte clásico no solo me ha servido para soportar la persecución, la cárcel y el exilio; sino que además me ha inspirado para seguir luchando en el otoño de mi vida.

Confío sinceramente en que esta segunda edición –ampliada y actualizada– sirva de ayuda a quienes desean luchar contra el marxismo cultural, a los que quieren defender a sus hijos de la ideología de género y, en general, a quienes buscan rescatar los maravillosos valores de la civilización occidental.

Alejandro Peña Esclusa

Febrero de 2024

1. La Escuela de Frankfurt y el origen de la decadencia

La mayoría de las personas cree en su buena fe, que la degradación moral y cultural que experimenta actualmente la sociedad es espontánea, producto de "los nuevos tiempos". Sin embargo, la realidad es muy distinta.

Como podrá verse en las próximas páginas, la decadencia responde a un plan deliberado y consciente de un movimiento ideológico izquierdista, orientado a demoler los cimientos de la civilización cristiana occidental, como requisito para imponer un pensamiento marxista o –para ser más exacto– neomarxista.

Describí los antecedentes y alcances de este plan en un libro titulado *La guerra cultural del Foro de Sao Paulo*[3]. Pero, para los efectos de este ensayo sobre el arte clásico, quisiera resaltar que el fundador del Partido Comunista Italiano, Antonio Gramsci (1891-1937), anticipó desde 1922 el

---

[3] Peña Esclusa, Alejandro. *La guerra cultural del Foro de Sao Paulo*. Federación Verdad Colombia. Bogotá. Mayo 2021. Disponible en Amazon https://a.co/d/4aGuBwk

fracaso del comunismo, puesto que el proletariado europeo no estaba dispuesto a aceptar los postulados de Marx, entre ellos la lucha de clases y la abolición de la propiedad privada.

Gramsci atribuyó esta resistencia a los valores cristianos que compartían los ciudadanos – ya sea que fuesen ricos o pobres, burgueses u obreros– por ser contrarios al materialismo ateo. Para solucionar este obstáculo, propuso entonces un camino, lento pero necesario, basado en destruir los valores de la sociedad y sustituirlos por otros de corte inmanentista, lo que él denominó "hegemonía cultural".

Gramsci desarrolló sus planteamientos estando en la cárcel y, por tanto, no estaba en condiciones de materializar su idea. Quienes sí contaron con la capacidad, los recursos y el apoyo logístico para llevar a cabo la propuesta de subvertir el capitalismo a través de la cultura fueron los integrantes del Instituto de Investigación Social (en alemán, Institut für Sozialforschung), mejor conocido como la Escuela de Frankfurt.

El Instituto fue fundado en 1923, gracias al financiamiento proporcionado por el millonario argentino Félix Weil, y partió inicialmente de las teorías de Marx, Hegel y Freud; aunque éstas fueron luego complementadas con las ideas de sociólogos, psicólogos y filósofos marxistas, como

Walter Benjamin, Georg Lukács, Max Horkheimer, Herbert Marcuse, Erich Fromm, Leo Löwental, Teodoro Adorno, y Jürgen Habermas, entre otros.

La Escuela de Frankfurt utilizó como plataforma el concepto de "teoría crítica", planteado por Max Horkheimer en su libro *Teoría tradicional y teoría crítica* y complementado en otros textos, como, por ejemplo, *Dialéctica de la Ilustración*, escrito en conjunto con Teodoro Adorno.

Esta teoría propone que, para construir un nuevo orden social, primero hay que cuestionar o criticar —es decir, destruir— las bases de la civilización cristiana occidental, las cuales están fundamentadas en la familia, la fe en Dios, el amor al prójimo, la vida trascendente, el respeto al ser humano, hecho a la imagen y semejanza de Dios; y, en lo económico, la empresa y la propiedad privadas.

El escritor argentino Cristian Iturralde explica en qué consiste la teoría crítica de la Escuela de Frankfurt:

> *En esta dialéctica negativa, donde a la premisa opuesta antítesis se le otorga mayor entidad que a la afirmación —perdiéndose o disolviéndose entonces aquella verdad en el proceso de «síntesis»—, se incorpora el «principio de inmanencia», que postula no*

sólo que no puede el ser humano acceder a la realidad y conocer la verdad, la bondad y la belleza, sino que este «principio» exige una voluntad a priori por negarlo todo. Es un «querer» negar o rechazarlo todo sin fundamentos o motivos atendibles más que socavar los cimientos de la civilización occidental, particularmente al cristianismo y su cosmovisión.[4]

Y más adelante explica:

Es decir, (según la tesis de la Escuela de Frankfurt) no existen las cosas en sí mismas, sino que éstas sólo existen en nuestra mente, producto de nuestra subjetividad, de manera tal que el ser humano se encontraría incapacitado para afirmar valores, realidades o verdades universales. De modo que, conforme a ello, el ser humano no sería capaz de conocer la realidad –pudiendo a lo mucho llegar a percibir ciertas partes del «todo»–, llegándose al absurdo de poner en duda que la nieve sea blanca y el pasto verde.[5]

---

[4] Iturralde, Cristian R. *El inicio de la Nueva Izquierda y la Escuela de Frankfurt*. Grupo Unión. Argentina. Agosto 2021. P. 104

En resumen, de acuerdo con los teóricos de Frankfurt, no existen verdades universales e inmutables; ni siquiera puede el ser humano fiarse de lo que perciben sus propios sentidos o su razón; porque, según ellos, las realidades son producto de la elucubración de cada uno.

Se trata de teorías fuera de la realidad, que atentan contra el conocimiento acumulado por la humanidad, adquirido durante siglos de esfuerzo y experiencia. Tales hipótesis hubiesen sido inmediatamente descalificadas y desechadas, de no haber sido por la poderosa maquinaria existente detrás de la Escuela de Frankfurt.

En efecto, esta organización estaba compuesta por "filósofos profesionales (que) contaban además con otras carreras universitarias –incluidos posgrados y doctorados– y con sólidos conocimientos en las áreas de teología, antropología, ciencias de la comunicación, periodismo, etc. No existía nada igual en el mundo en aquel momento; ni en el ámbito marxista ni en el capitalista o conservador"[6].

---

[5] Ibid, p. 105
[6] Ibid, p. 93

Sobre la Escuela de Frankfurt, mi buen amigo, el filósofo brasileño Olavo de Carvalho (QEPD), decía:

> *Un movimiento marxista que producía idea tras idea, libro tras libro, propuesta tras propuesta, y estaba en permanente discusión todo el tiempo, y con eso creó una bibliografía tan inmensa, tan inmensa, que para estudiarla toda habría que dedicar una vida entera, lo que significa que un estudiante puede entrar de cabeza dentro de ese océano marxista y más nunca salir de allí.[7]*

El escritor argentino Agustín Laje explica en su libro *La batalla cultural*, cómo y por qué la Escuela de Frankfurt se expandió a los Estados Unidos:

> *Con la llegada del nacionalsocialismo al poder, el 30 de enero de 1933, el Instituto fue clausurado y la mayor parte de sus miembros se exiliaron. Al mes siguiente, sin embargo, seguían trabajando con un*

---

[7] Canal Conservadores. De Carvalho, Olavo. *¿Qué fue la Escuela de Frankfurt?* Octubre, 2017. (Video) YouTube. Disponible en http://tinyurl.com/5cw2rwe6

consejo de veintiún miembros, pero desde Ginebra, y en los sucesivos meses instalarían filiales en París y Londres. Pero pronto muchos enfilaron hacia Estados Unidos. En 1934, Horkheimer selló un trato con la Universidad de Columbia en el cual el Instituto quedaba asociado a ella y, además, se le brindaba a este un local en el 429 de West 117th Street. Importantes figuras del Instituto, además de Horkheimer, aceleraron entonces su traslado a Estados Unidos: Marcuse, Löwenthal, Pollock, Wittfogel, Fromm y, un poco más tarde, Adorno y Grossman. Desde entonces, el Institut pasó a ser el Institute for Social Research.[8]

A pesar de ser marxistas, sus teorías no solo fueron aceptadas en Estados Unidos, sino que lograron el financiamiento de la Fundación Rockefeller. En parte, esto se explica porque, en esa época, el enemigo a vencer no parecía ser el comunismo, sino el nazismo.

Para cuantificar la enorme influencia de la Escuela de Frankfurt, sirve citar al periodista

---

[8] Laje, Agustin. *La batalla cultural: Reflexiones críticas para una Nueva Derecha*. HarperCollins México. 2022. P. 436

estadounidense Cristopher F. Rufo, respecto a uno de sus integrantes, Herbert Marcuse:

> *Su libro "El hombre unidimensional" vendió cien mil ejemplares y se tradujo a dieciséis idiomas. En Roma, los estudiantes juraron lealtad a "Marx, Mao y Marcuse". En París, los estudiantes ocuparon edificios universitarios y se embarcaron en una búsqueda espiritual que llamaron "la journée marcusienne" (la jornada marcusiana). En Nueva York, los radicales burgueses blancos y los militantes negros acudieron en masa a escuchar a Marcuse hablar sobre la revolución en el auditorio Fillmore East. The New York Times, Saturday Evening Post, Business Week, Fortune, Time y Playboy publicaron artículos sobre Marcuse y su papel como "Padre de la Nueva Izquierda".[9]*

En otro de sus libros, titulado *Eros y civilización*[10], Marcuse lanzó la tesis que sirvió de base para la liberación sexual que se desató en

---

[9] Ruso, Christopher F. *America´s Cultural Revolution: How the radical left conquered everything*. Broadside Books. 2023. Disponible en https://a.co/d/3QmifEm
[10] Marcuse, Herbert. *Eros y civilización*. Editorial Sarpe. 1983. Disponible en http://tinyurl.com/y88h2jum

Occidente en los años sesenta. Aseguró, sin presentar evidencia alguna, que la causa fundamental de la dominación, de la violencia, del asesinato y de la guerra, era la "represión del eros".

Marcuse afirmó que las personas eran neuróticas y propensas a la violencia porque sus instintos sexuales estaban reprimidos y que la manera de "curar" tales neurosis y tendencias violentas era acabando con el orden represivo cristiano y liberar el deseo sexual. En resumen, para alcanzar una sociedad satisfecha y en paz, había que tener mucho sexo, con muchas personas y todo el tiempo. ¡Vaya!

Las ideas marcusianas influyeron devastadoramente en millones de jóvenes en todo el mundo. Sus postulados asentaron las bases del denominado *mayo francés* de 1968 y su famoso "prohibido prohibir", movimiento ideológico neomarxista generado en la Universidad de Paris y que se levantó sobre dos supuestos básicos: el fin del principio de autoridad y la superación de la moral "represora" tradicional.

Dado que el apogeo de la Escuela de Frankfurt coincidió con el boom de los medios de comunicación de masas –radio, televisión y cine– sus integrantes se dieron a la tarea de investigar cómo podían usar estos nuevos instrumentos para difundir sus teorías:

Su tarea consistió, primero, en realizar un profundo análisis de la cultura de masas – basado en investigaciones empíricas de las costumbres morales y los estilos de vida de los grupos sociales–, y luego en elaborar una (nueva) teoría de cultura de masas.[11] Estudiaron todas las manifestaciones de la cultura de masas –desde los horóscopos hasta la fotografía, el cine, la publicidad, la radio, la naciente televisión y la música de jazz– creando una verdadera contracultura que vaciara la mente y espíritu de los receptores, llenándola eventualmente de un pensamiento nihilista, antioccidental, anticristiano, materialista: es decir, puramente marxista.[12]

Para los frankfurtianos, era de vital importancia cambiar el sentido de arte, con el fin de convertirlo en un instrumento de la revolución inmanentista. Por tanto, había que eliminar la armonía y la belleza, ya que –según ellos– estas inducían a las personas a la contemplación

---

[11] Iturralde, Cristian R. *El inicio de la Nueva Izquierda y la Escuela de Frankfurt*. Grupo Unión. Argentina. Agosto 2021. P. 91

[12] Ibid, p. 113

inmovilizante, para ser sustituidas por un arte "disruptivo", capaz de movilizar a la gente en contra del sistema.

Otro de los miembros de la Escuela de Frankfurt, Teodoro Adorno, quien además de ser filósofo era musicólogo, afirmó en su libro *Filosofía de la nueva música:*

> *La opinión de que Beethoven es inteligible y Shōnberg ininteligible es objetivamente un engaño... las disonancias (de Shōnberg) que los asusta revela su propia condición: solo por este motivo (tales disonancias) son insoportables para ellos... Uno casi podría considerar al público educado como el peor, porque fácilmente dice sobre (la música de) Schönberg "yo no la entiendo", una afirmación cuya modestia racionaliza la rabia (haciéndola ver) como pericia.[13]*

Basta escuchar cualquier obra atonal de Arnold Schönberg, para constatar que carece de armonía, ritmo y belleza; y que solo transmite angustia e irracionalidad[14]; sin embargo, Adorno

---

[13] Adorno, Teodoro. *Filosofía de la Nueva Música.* Editorial Akal. Madrid. 2003. Versión digital. Citas tomadas de la Introducción. Disponible en https://a.co/d/gyg4r6P
[14] Canal Musicnetmaterials. *Schoenberg, tres piezas para*

pretendió equipararlo con un genio de la música como lo es Beethoven y, por si fuera poco, insultó a todo aquel que dijera la verdad sobre la música atonal. Como puede verse, aunque los franfurtianos decían promover la libertad, en realidad eran intolerantes a las opiniones contrarias y fueron los principales impulsores de lo que actualmente se conoce como "pensamiento único".

Por su parte, otros integrantes de la Escuela de Frankfurt, entre ellos, "Walter Benjamin y George Lukács van orquestando las bases para un arte y una estética disruptiva, materialista y revolucionaria"[15], que sirviesen para generar nuevas corrientes en la literatura, la poesía, la pintura y la arquitectura, como las que prevalecen hoy en día.

Aunque la Escuela de Frankfurt fue el más importante *think tank* de su época, no fue el único. En otros países había filósofos, sociólogos, psicólogos y psicoanalistas, que compartían la misma visión inmanentista promovida por los alemanes.

---

piano. (Video) YouTube. Disponible en
http://tinyurl.com/mu769ths
[15] Iturralde, Cristian R. *El inicio de la Nueva Izquierda y la Escuela de Frankfurt*. Grupo Unión. Argentina. Agosto 2021. P. 95.

Por ejemplo, en Francia, un grupo de pensadores neomarxistas lanzaron tesis similares a las frankfurtianas, entre ellos, Louis Althusser, Michel Foucault, Jaques Derida, Gilles Deleuze, Jacques Lacan, Felix Guattari, Jean-François Lyotard y, por supuesto, Jean-Paul Sartre. De ellos surgieron varias escuelas como el estructuralismo, el existencialismo, el absurdismo, el posmodernismo, y tantas otras.

Respecto al posmodernismo –por mencionar un solo caso– el escritor francés Gilles Lipovetsky, explica en su libro *La era del vacío*[16], que esta corriente se manifiesta como un culto a la liberación personal, el cual rechaza toda forma de delimitación, aunque esté justificada, o más sencillamente, el triunfo del egoísmo como paradigma de comportamiento.

El posmodernismo no acepta autoridad alguna, ni divina ni humana, dando paso a nuevos valores que apuntan al libertinaje y a la legitimación del placer. Es, sin duda, la manifestación última y radical de la ideología individualista. Otro hecho característico del posmodernismo es la indiferencia, absoluta, sin que eso conlleve sentimiento alguno de culpa[17].

---

[16] Lipovetsky, Gilles. *La era del vacío*. Editorial Anagrama. Barcelona. 2006. Disponible en Amazon
https://a.co/d/3DDU3Tv

El individualismo, el rechazo a la autoridad, el libertinaje y el indiferentismo posmodernista, se traducen en una anarquía que impide a los ciudadanos organizarse frente a las amenazas más evidentes e inmediatas. Y es que el individuo posmodernista se tiene a sí mismo por prioridad, no a la Patria. No tiene motivos para sacrificarse o para luchar por ideales nobles; ni siquiera cuando se trata de la supervivencia de su propia Nación.

Estas diversas doctrinas tienen también su expresión en el arte, generando un sinnúmero de corrientes, entre ellas, el expresionismo, el surrealismo, el arte abstracto y el dadaísmo entre otros. Pero, por muchas variantes que existan, todas ellas se caracterizan por un factor común: los valores tradicionales de la civilización cristiana occidental no aparecen por ningún lado.

En muchos países, se incluye en los Programas de estudio a las obras de los pensadores y artistas inmanentistas. Pero más triste todavía es que partidos de derecha –que desconocen o no le dan importancia a la guerra cultural marxista– asumen los proyectos educativos de la izquierda.

---

[17] Revista Fuerza Productiva. *Lipovetsky, El posmodernismo y la parálisis de la sociedad*. Caracas. Octubre-noviembre 2000.

Cuando yo era un joven estudiante en Venezuela, tuve que leer obligatoriamente textos como *El extranjero*, de Albert Camus, y *La metamorfosis*, de Franz Kafka, los cuales me impactaron por ser sumamente pesimistas y desmoralizantes.

Ya entonces me preguntaba ¿qué bien podía hacerle a un estudiante este tipo de literatura, y por qué le habían dado a Camus un premio Nobel luego de escribir una obra tan deprimente? Hubiese sido mucho más provechoso invertir ese mismo tiempo en la lectura de escritores clásicos.

Un buen gobierno, preocupado por el bienestar de su pueblo, debería dedicarse no solo al desarrollo económico, sino también a la formación cultural y moral de los ciudadanos, para lo cual debería incluir en sus programas educativos a los grandes artistas clásicos.

2. La intención de escritores y dramaturgos

Como se verá en los próximos capítulos, los grandes escritores, poetas y dramaturgos clásicos buscaron, además de entretener, inculcar un sistema de valores a través del arte y de la belleza. Esto no debería sorprender a nadie, porque existe una relación directa entre la belleza, el bien, la verdad y el amor. En su *Carta a los artistas*, el Papa Juan Pablo II escribió:

> *El tema de la belleza es propio de una reflexión sobre el arte. Ya se ha visto cuando he recordado la mirada complacida de Dios ante la creación. Al notar que lo que había creado era bueno, Dios vio también que era bello. La relación entre bueno y bello suscita sugestivas reflexiones. La belleza es en un cierto sentido la expresión visible del bien, así como el bien es la condición metafísica de la belleza.*[18]

---

[18] Papa Juan Pablo II. *Carta a los artistas*. Art. 3. Vatican.

En su obra, *La Divina Comedia*, el poeta Dante Alighieri –quien es considerado el padre del idioma italiano– tenía la clara intención de criticar el mal y exaltar el bien, haciendo uso de la belleza en la poesía. Para lograrlo, Dante describió los tormentos que los pecadores sufrían en el infierno, detallando cada uno de los males cometidos por ellos; mientras que a la vez plasmó la felicidad que experimentaban las personas justas, que habían hecho el bien a los demás.

Ya en otra de sus grandes obras, *Sobre la Monarquía*, Dante había expuesto su concepción sobre cuál es el objetivo de la vida:

A todos los hombres dotados por la naturaleza superior con el amor a la verdad interesa sobremanera que, así como han aprovechado los beneficios de la labor de sus antepasados, ellos, por su parte, consigan trabajar en provecho de sus descendientes de tal manera que la posteridad quede enriquecida. (De lo contrario) En lugar de ser «árbol plantado a la vera del arroyo, que a su tiempo da

Abril, 1999. Disponible en http://tinyurl.com/mrhyhxwk

frutos», queda convertido en devastador remolino que todo lo traga y nada devuelve.[19]

Por su parte, Shakespeare, en sus obras de teatro, enalteció a los líderes bondadosos y justos, como el rey Enrique V, pero también mostró el alma oscura de los villanos, como Macbeth; porque su objetivo, según el mismo lo expresó, era presentar a través del teatro la virtud y los vicios de la sociedad:

El objeto del arte dramático, tanto en su origen como en los tiempos que corren, ha sido y es presentar, por decirlo así, un espejo a la Humanidad; mostrar a la virtud sus propios rasgos, al vicio su verdadera imagen, y a cada edad y generación su fisonomía y sello característico.[20]

En cuanto a Cervantes, los consejos que da Don Quijote a su escudero Sancho Panza para gobernar deberían ser leídos por todo dirigente

---

[19] Alighieri, Dante. *Obras Completas*. Biblioteca de Autores Cristianos. La Editorial Católica. Madrid. 1980. P. 698
[20] Shakespeare, W. *Obras Completas*. Aguilar Ediciones. Madrid. 1978. Tomo 2, p. 251

político, ya que están basados en el temor a Dios y en la práctica de las virtudes:

Primeramente ¡oh, hijo! –aconseja don Quijote a Sancho– has de temer a Dios; porque en el temerle está la sabiduría, y siendo sabio no podrás errar en nada. Mira, Sancho: –le dice más adelante– si tomas por medio a la virtud y te precias de hacer hechos virtuosos, no hay para qué tener envidia a los que los tienen de príncipes y señores; porque la sangre se hereda, y la virtud se conquista, y la virtud vale por sí sola lo que la sangre no vale.[21]

En su *Oda a la alegría* –inmortalizada por Beethoven en el cuarto movimiento de la *Novena sinfonía*[22]– Federico Schiller aclama la hermandad entre todos los seres humanos y los invita a buscar a Dios, a quien llama Padre amoroso, más allá de las estrellas:

¡Abrazaos millones de criaturas!

---

[21] Cervantes, M. *Obras Completas*. Aguilar Ediciones. Madrid. 1980. Tomo 2. P. 740, 741
[22] Canal El Sistema. *Sinfonía No. 9 Ludwig van Beethoven*. (Video) YouTube. Disponible en http://tinyurl.com/4nmh65k8

¡Que un beso una al mundo entero!
Hermanos, sobre la bóveda estrellada
debe habitar un Padre amoroso.
¿Os postráis, millones de criaturas?
¿No presientes, oh mundo, a tu
Creador?
Búscalo más arriba de la bóveda
celeste.
¡Sobre las estrellas ha de habitar![23]

El propio Beethoven profesaba elevados ideales sobre el bien, la verdad y la libertad. Cuando apenas contaba con veintidós años escribió:

Hacer el bien, donde se pueda,
amar la libertad sobre todas las cosas
la verdad nunca, ni siquiera
por un trono, traicionar.[24]

Juan Sebastián Bach fue explícito en cuanto al objetivo de su música: "El único propósito y razón final de toda la música debería ser la gloria de Dios y el alivio del espíritu"[25]. De allí que haya

---

[23] Beethoven, L. *Himno a la alegría*. Cultura Genial. Disponible en http://tinyurl.com/383z3wvu
[24] Beethoven, L. *Cita*. Proverbia. Disponible en http://tinyurl.com/yedw4vkr

compuesto obras religiosas de gran belleza, como lo son *La pasión según San Mateo* y la *Misa en si menor*, entre muchas otras.

Los artistas del Renacimiento, como Leonardo da Vinci y Rafael Sanzio, pudieron retratar con gran belleza tantos personajes y pasajes bíblicos no solo por su talento y capacidad técnica, sino porque estaban identificados con los temas que pintaban. ¿Cómo explicar de otro modo la perfección de obras como *La última cena* y *La liberación de San Pedro*?

Lo mismo puede decirse del arquitecto Filippo Brunelleschi, quien dedicó dieciséis años de su vida a construir la majestuosa cúpula de la catedral de *Santa María del Fiore*, en Florencia, la cual, pese a haberse finalizado en 1436, sigue siendo hasta la fecha la bóveda más grande del mundo fabricada en mampostería. Se aplica, pues, lo que señala el Papa Juan Pablo II:

La Sagrada Escritura se ha convertido así en una especie de «inmenso vocabulario» y de «Atlas iconográfico» del que se han nutrido la cultura y el arte cristianos. El mismo Antiguo Testamento, interpretado a la luz del

---

[25] Bach, J.S. *Frases famosas de Bach*. Muy interesante. Disponible en http://tinyurl.com/5c62ss6p

Nuevo, ha dado lugar a inagotables filones de inspiración. A partir de las narraciones de la creación, del pecado, del diluvio, del ciclo de los Patriarcas, de los acontecimientos del éxodo, hasta tantos otros episodios y personajes de la historia de la salvación, el texto bíblico ha inspirado la imaginación de pintores, poetas, músicos, autores de teatro y de cine.[26]

Actualmente, se argumenta que el arte clásico representa valores del pasado, ya obsoletos. También se opina que su disfrute es para las élites adineradas, capaces de sufragar el alto costo de un concierto o de una ópera. Pero esa visión no es necesariamente cierta.

Primero, los autores clásicos realizaban sus trabajos para mostrarlos al pueblo llano, era una forma de comunicar, porque en aquel entonces no existían los medios de masas. Y segundo, las obras clásicas se llaman así no porque sean antiguas, sino porque son universales y porque trascienden a través del tiempo.

Los personajes que describe Dante en los tres círculos de su *Comedia* son casi idénticos a los

---

[26] Papa Juan Pablo II. *Carta a los artistas*. Art. 5. Vatican. Abril, 1999. Disponible en http://tinyurl.com/mrhyhxwk

que existen hoy, con otros nombres y en otras circunstancias, porque la naturaleza humana sigue siendo la misma de siempre. Las pasiones, los vicios y las virtudes que expone Shakespeare en sus obras de teatro se repiten en la actualidad. Mientras que el *Mesías* de Haendel y los *Conciertos de Brandemburgo* de Bach siguen conmoviendo a la gente de todas las épocas, en cualquier nación donde se escuchen.

En este sentido, Invito al lector a disfrutar los próximos capítulos, y a redescubrir en el arte clásico consejos y enseñanzas que pueden serle útiles y benéficos. Lo afirmo porque, en lo que a mí respecta, estos autores del pasado me han hecho mucho bien, por lo cual les estoy infinitamente agradecido.

3. Schiller resalta la importancia de la belleza

En sus *Cartas sobre la educación estética del hombre*, el poeta y dramaturgo alemán Federico Schiller (1759-1805) explica que "es a través de la belleza como se llega a la libertad"[27]. En efecto, la libertad implica tomar decisiones sobre la propia vida y sobre la sociedad en que se vive, para lo cual se requiere tener un mínimo de conocimientos.

Según Schiller, hace falta un "ánimo enérgico para combatir la pereza y la cobardía que se oponen al saber". La mayoría de los hombres prefiere evitar "el agrio esfuerzo de pensar" y permite que "otros ejerzan la tutela sobre sus conceptos". Están tan ocupados en la lucha por la supervivencia que les cuesta "emprender un combate nuevo y más duro contra el error" y la ignorancia[28].

Pero cuando los conceptos vienen acompañados de la belleza –como ocurre por

---

[27] Schiller, F. *Cartas sobre la educación estética del hombre.* Aguilar Ediciones. Buenos Aires. 1981. P. 30.
[28] Ibid, p. 55

ejemplo con la poesía– es más factible que el hombre abra su mente y los reciba. Por eso, Schiller asegura que "el camino hacia la cabeza tiene que abrirse a través del corazón".

En otras palabras, la forma más eficiente de combatir la ignorancia –y de esta forma asegurar la verdadera libertad– es por medio de la belleza. El dramaturgo alemán concluye que "educar la sensibilidad es la necesidad más urgente de la época", porque "contribuye al perfeccionamiento del saber... y al ennoblecimiento del carácter"[29].

En otro capítulo, Schiller hace una dura crítica al hombre moderno, porque la especialización del conocimiento y la separación de este en compartimientos estancos ha acabado con la universalidad característica del pasado, al punto que "hay que consultar individuo por individuo para reconstruir la totalidad de la especie humana"[30].

Schiller admite que "la generación actual, desde el punto de vista de la inteligencia, es superior a la más favorecida de la antigüedad", pero luego lanza un terrible desafío: "¿Quién de estos modernos saldría a disputar, hombre por hombre, con un solo ateniense por el premio de la humanidad? ¿Por qué se calificó al griego

---

[29] Ibid, p. 56
[30] Ibid, p. 42

individual como representante de su tiempo y por qué no puede atreverse a lo mismo el hombre moderno?"[31]

Más adelante explica que fue la misma civilización, que artificialmente dividió las ciencias y separó el entendimiento intuitivo del especulativo, "encerrándolos en campos hostiles, cuyos límites empezaron a vigilar con desconfianza y recelos". Luego sentencia: "el hombre, al restringir su actividad a una sola esfera, se ha dado a sí mismo un amo despótico que suele oprimir las demás facultades del espíritu"[32].

Una vez más, la belleza acude a nuestro auxilio para suturar estas heridas infringidas artificialmente. "Únicamente lo bello lo disfrutamos como individuo y especie al mismo tiempo, esto es, como representantes de la especie humana"[33] – afirma Schiller– "Sólo la belleza hace feliz a todo el mundo, y todo ser olvida sus limitaciones tan pronto experimenta los encantos de lo bello"[34].

Prueba de que la verdad, la belleza, el bien y el amor están íntimamente relacionados, es que el ser humano experimenta un gozo especial cuando aprende algo nuevo o cuando realiza algún

---

[31] Ibid, p. 43

[32] Ibid, p. 44

[33] Ibid, p. 162

[34] Ibid, p. 163

descubrimiento, muy parecido al que siente cuando entra en contacto con la belleza, cuando hace algún bien al prójimo, o cuando ama o es amado. Es un gozo sublime, relacionado estrechamente a eso que llamamos felicidad.

No es de extrañar, pues, que el Papa Benedicto XVI haya hecho un llamado a los artistas, diciéndoles:

"Haced que resplandezca la verdad en vuestras obras y que su belleza suscite en la mirada y el corazón de quien las ve, el deseo y la necesidad de hacer que toda existencia sea hermosa y verdadera, enriqueciéndola con el tesoro que nunca se agota y que hace de la vida una obra maestra y de cada ser humano un artista extraordinario: la caridad, el amor".[35]

El poema de Federico Schiller, titulado *La partición del mundo*, es un ejemplo de belleza que suscita sentimientos sublimes:

Después que el brazo del Señor, bendito,
lanzó el mundo en el mar del infinito,
después que en él su senda le trazó

[35] Aciprensa. *Que la verdad y la belleza brillen en el arte, pide el Papa al inaugurar muestra en su honor.* Julio 2011. Disponible en http://tinyurl.com/5nfudsxr

como traza el piloto a su navío
su camino a través del mar bravío,
"¡Que el hombre sea!", su poder mandó.
La tierra entonces sacudió su falda,
y a través de los campos de esmeralda,
el Señor hacia sí miró venir
del Ecuador y el polo solitario,
cual obreros que piden su salario
los átomos que vienen a morir.
Venid, les dijo, el mundo os pertenece,
cuanto del globo en la extensión parece
cual padre amante yo os lo quiero dar.
Es la herencia común de los humanos;
venid y dividíos como hermanos
la fértil tierra y el salobre mar.
Entonces cada cual, del vasto suelo
su parte reclamó, según su anhelo:
el noble tomó el viejo torreón,
el labrador su campo junto al río,
el mercader camino a su albedrío,
el nauta el mar do ruge el aquilón.
El Papa tiara de poder emblema,
el soberano la imperial diadema,
y el verde césped el feliz pastor.
Y cuando nada más que dar tenía,
el Señor hacia sí vio que venía
un hombre de semblante pensador.
Flotaba un sueño en su nublada frente,

silencioso marchaba lentamente
parándose a coger alguna flor,
y atravesando por la turba inquieta,
sonriendo murmuró: soy el poeta.
¿Nada guardaste para mí, Señor?
Tarde, le dijo Dios, tarde has llegado;
a cuanto ves aquí señor he dado,
celoso el hombre de sus cosas es,
mas tú, cerebro en el pensar fecundo,
mientras yo hacía la partición del mundo
¿en dónde te encontrabas? –A tus pies.
Mi vista, oh, Dios, tu magnitud veía,
mi oído el himno celestial oía,
perdóname si yo, desdeñador,
al ver la inmensidad que tu obra encierra,
dejé perderse mi porción de tierra
mientras sólo adoraba a su creador.
Mira, le dijo el Hacedor sublime,
la costa, el monte, el valle, el mar que gime,
nada me queda ya todo lo di.
En cambio, en todo tiempo, a toda hora,
lugar tendrás donde mi gloria mora:
mi cielo he reservado para ti.[36]

---

[36] Peña Esclusa, Alejandro. *Arte clásico y buen gobierno.* Poemas escogidos. Ediciones Fuerza Productiva. Caracas. Febrero 2008.

4. La *Divina Comedia* y el camino a la perfección

Una de las obras clásicas en donde más claramente se muestra la intención moralizadora del autor es *La Divina Comedia*, de Dante Alighieri (1265-1321), considerado el poema épico más grande de la literatura italiana.

La Divina Comedia conjuga la belleza de la poesía –que contiene cien cantos, a su vez compuestos de tercetos– con una clara enseñanza sobre cómo alcanzar la felicidad, haciendo el bien y evitando el mal.

En este poema Dante ilustra de manera vívida y dramática las terribles consecuencias de dejarse llevar por los vicios, las bajas pasiones y los malos sentimientos; así como el gozo y los beneficios que se obtienen cuando se obra rectamente. Esto lo logra mediante un recorrido hipotético –que inicia el propio autor "en el medio del camino" de su vida– por el infierno, el purgatorio y el paraíso.

Sin embargo, antes de iniciar el recorrido, y guiado por el poeta romano Virgilio (70 AC-19 AC), el autor hace un sobrecogedor relato respecto a los indiferentes. Justo antes de entrar al infierno, Dante escribe:

Suspiros, llantos y profundos ayes resonaban en aquel aire sin estrellas, lo que al principio me conmovió. Extraños lenguajes, horribles blasfemias, palabras de dolor, acentos iracundos, voces fuertes y roncas, batir de manos desesperadas, formaban un continuo tumulto en aquel aire eternamente denso y caliginoso como la arena arremolinada por el vendaval. Y yo, que sentía la cabeza oprimida por el horror, dije (a Virgilio): «Maestro, ¿qué es lo que oigo y qué gente es ésta, vencida así por el dolor?» «Esta mísera suerte – me contestó– sufren las almas tristes de aquellos que torpemente vivieron sin vituperio ni alabanza. Están mezclados con aquel odioso coro de los ángeles que ni se rebelaron contra Dios ni le fueron leales, sino que permanecieron apartados. Los cielos los rechazan por no ser bastantes buenos, y el profundo infierno no los admite, ya que alguna gloria recibirían de ellos los condenados... Estos no abrigan esperanza de morir, y su ciega vida es tan despreciable, que envidian cualquier otra suerte. El mundo no guarda recuerdo de ellos, olvidados por la misericordia y la justicia».[37]

Seguidamente, Dante entra en el infierno y recorre los diferentes círculos que allí existen, encontrándose en su camino gente que sufre horrendas penas, cada una más espeluznante que la otra, por haber perjudicado con sus acciones a sí mismos o al prójimo.

Primero se encuentra con los lujuriosos; luego con los que se dejaron arrastrar por la gula; posteriormente con los avaros, que comparten el castigo con los derrochadores; seguidamente los iracundos, los soberbios y los envidiosos; y así sucesivamente, pasando por los culpables de haber ejercido la violencia, como los asesinos, los suicidas y los tiranos; después los fraudulentos, como los estafadores, usureros, aduladores, hipócritas, adivinos, ladrones, falsificadores y sembradores de escándalos; hasta llegar finalmente a los traidores, señalando por separado los que traicionaron a la familia, a la patria y a

---

[37] Alighieri, Dante. *Obras Completas*. Biblioteca de Autores Cristianos. La Editorial Católica. Madrid. 1980. P. 31, 32

quienes les hicieron el bien; el máximo de éstos, Judas, está entre los dientes de Lucifer, en lo más hondo del infierno.

Dante no solamente describe con detalle cada pecado, sino que pone ejemplos concretos de personas que los cometieron, haciendo uso de personajes –con nombres y apellidos– y de hechos históricos, para que al lector no le quede ninguna duda sobre el mal allí expuesto.

El recorrido por el purgatorio es una transición hacia un estado superior del alma, y está lleno de personajes históricos que hicieron el mal, pero luego se arrepintieron, deseando ser mejores personas, a diferencia de los que están en el infierno.

Dante se conmueve con el sufrimiento de estos infortunados y lo mismo le ocurre al lector, que –a medida que avanza la obra– va asumiendo el mismo papel del poeta florentino. Cada personaje explica cómo, producto de sus propios pecados, llegó a su desventurada situación, alertando así al lector para que no le ocurra lo mismo.

Cada vez que escucha una de estas confesiones y pasa a otra etapa del recorrido, Dante experimenta un alivio, un peso que se le quita de encima; haciéndole ver al lector que, en la medida en que vaya deslastrándose de sus propias debilidades, el camino hacia la perfección se le hace cada vez más sencillo y llevadero.

Los 33 cantos que conforman el paraíso constituyen una hermosísima y conmovedora alabanza a Dios, a la creación, al bien, a la verdad, a la belleza, al amor y a las virtudes; mostrando al lector un camino para alcanzar la felicidad.

Durante el trayecto por el paraíso, los personajes allí presentes conversan con Dante sobre temas profundos, relacionados con la teología, la historia, la filosofía y las ciencias. Al final, el lector acompaña a Dante en un estado de éxtasis sublime, en el que juntos contemplan – conmovidos– las maravillas de Dios y del Universo.

En 1926, con motivo de conmemorarse los seiscientos años del fallecimiento de Dante, el Papa Benedicto XV escribió una carta encíclica dirigida a profesores y estudiantes de literatura, en la cual expresa:

> *Dante vivió en una época que heredó los frutos más gloriosos de la enseñanza y del pensamiento filosófico y teológico, y los transmitió a las épocas sucesivas con la impronta del estricto método escolástico. Entre las diversas corrientes de pensamiento difundidas también entonces entre los sabios, Dante se situó como discípulo de*

aquel príncipe de la escuela tan distinguido por el temperamento angélico del intelecto, Santo Tomás de Aquino. De él obtuvo casi todos sus conocimientos filosóficos y teológicos, y aunque no descuidó ninguna rama del saber humano, al mismo tiempo bebió profundamente en las fuentes de la Sagrada Escritura y de los Padres.[38]

Si bien Dante era católico, eso no le impidió "levantar su voz impetuosa contra más de un pontífice, y no se silenció para reprender con acritud a instituciones y personas que, siendo representantes de la Iglesia, se alejaron de la fe y doctrina cristiana, (sin embargo) su fe nunca se vio sacudida ni debilitada"[39] por el mal comportamiento de quienes traicionaron a la Iglesia.

---

[38] Papa Benedicto XV. *Carta Encíclica sobre Dante*. Vatican. Disponible en http://tinyurl.com/yc88x8re

[39] Montoya, Mauricio. *¿Por qué Dante es profeta de la esperanza y de la fe cristiana?* Catholic Link. Abril, 2021. Disponible en http://tinyurl.com/a7ry6zkd

5. *Otelo:* los vicios y pasiones destruyen a los líderes

Las tragedias clásicas son útiles y constructivas, porque, aunque tengan un final triste, el público logra entender por qué ciertas conductas causan un desastre. Pero, además, el dramaturgo muestra otras opciones, que habrían podido evitar la catástrofe, si los personajes de la obra hubiesen elegido bien. Estas enseñanzas son evidentes en todas las obras de William Shakespeare (1564-1616), y muy particularmente en *La tragedia de Otelo, el moro de Venecia.*

El villano de esta obra, Yago, tiene todas las características de un ser malvado: es un resentido, que envidia a quienes lo rodean; es un mentiroso, que no sólo carece de principios, sino que reniega de ellos; es un ser materialista, que maltrata a las mujeres; pero a la vez es inteligente, astuto, y con una gran capacidad de manipulación.

El personaje principal de la obra, Otelo, es el general encargado de defender a Venecia y a sus posesiones de los otomanos. Es un hombre bueno y valiente, pero tiene una debilidad: es celoso.

Pese a que la esposa de Otelo, Desdémona, es un dechado de virtudes, Yago logra envenenar la mente del moro, con mentiras y manipulaciones, aprovechándose de su debilidad. Yago lo hace por razones puramente egoístas e irracionales: odia a Otelo sin motivo y a la vez desea el cargo de su lugarteniente sin merecerlo.

Por su comportamiento perverso, Yago causa un enorme rechazo en el espectador, pero más indignación produce la actitud estúpida de Otelo, que confía en las mentiras de Yago, sin conocerlo a fondo y sin comprobar fehacientemente las falsas acusaciones que lanza contra su esposa; todo porque unos celos sin sentido lo carcomen.

Yago también manipula al lugarteniente de Otelo, Cassio, aprovechándose de su debilidad: la mala bebida. Cassio es consciente de su problema, porque él mismo lo dice: "Embriaguez cede el sitio al demonio de la Ira. Una imperfección me muestra a la otra, para que pueda francamente despreciarme a mí mismo"[40]. Y, sin embargo, irresponsablemente, acepta las copas que Yago le brinda y que lo llevarán a la perdición.

---

[40] Shakespeare, W. *Obras Completas*. Aguilar Ediciones. Madrid. 1978. Tomo 2, p. 387.

En *Otelo*, Shakespeare muestra al espectador una secuencia de errores que conducen a un final trágico, en el que mueren los personajes principales, incluido el villano Yago. Los momentos culminantes y terribles se producen cuando Otelo asesina a su esposa Desdémona y luego, cuando se da cuenta de su error, saca la daga y se suicida. Cada uno de esos errores puede ser evitado y el espectador así lo percibe, mientras experimenta sensaciones de rabia e impotencia.

Desde el principio de la obra, Shakespeare da pistas sobre el perfil de cada personaje, para que pueda detectarse de antemano su posible comportamiento. Es decir, para que no puedan engañar al público, siempre y cuando esté atento.

En la obra, Yago explica cómo piensa y cuáles son sus objetivos. Él está plenamente consciente de que actúa hipócritamente, así como del daño que deliberadamente ocasiona: "Aunque le odio (a Otelo) como a las penas del infierno, las necesidades de mi vida actual me obligan, no obstante, a izar el pabellón y la insignia del afecto."[41] Y añade más adelante: "Cuando los demonios quieren sugerir los más negros pecados, principian por ofrecerlos bajo muestras más celestiales, como hago yo ahora".[42]

---

[41] Ibid, p. 364

Yago conoce bien las debilidades de los hombres, en este caso, las de un individuo celoso:

Bagatelas tan ligeras como el aire son para los celosos pruebas tan poderosas como las afirmaciones de la Sagrada Escritura... El moro se altera ya bajo el influjo de mi veneno. Las ideas funestas son, por naturaleza, venenos que en principio apenas hacen sentir su mal gusto; pero, a poco, que obran sobre la sangre, abrasan como minas de azufre.[43]

Para ilustrar aún más al espectador, otro de los personajes de la obra –Emilia, la esposa de Yago– explica cómo surge esta debilidad: "Las almas celosas no son siempre celosas con motivo; son celosas porque son celosas. Los celos son un monstruo que se engendra y nace de sí mismo".[44]

Y puesto que de celos se trata, es natural que la obra hable de la mujer. Como todo villano, Yago desprecia a las mujeres. Hablando con Emilia, dice lo siguiente:

Vamos, vamos, sois pinturas fuera de casa, cascabeles en vuestros estrados, gatos

---

[42] Ibid, p. 388
[43] Ibid, p. 397
[44] Ibid, p. 404

monteses en vuestras cocinas, santas en vuestras injurias, diablos cuando sois ofendidas, haraganas en la economía doméstica y activas en la cama.[45]

Shakespeare ilustra a la audiencia, respondiendo a los señalamientos de Yago por medio de Emilia:

Yo creo que cuando las mujeres caen, la falta es de sus maridos, pues o no cumplen con sus deberes y vierten nuestros tesoros en regazos extraños, o estallan en celos mezquinos, imponiéndonos sujeciones; o nos pegan y reducen por despecho nuestro presupuesto acostumbrado. ¡Por Dios! tenemos hiel, y aunque poseamos cierta piedad, no carecemos de espíritu de venganza. Sepan los maridos que sus mujeres gozan de sentidos como ellos: ven, huelen, tienen paladares capaces de distinguir lo que es dulce de lo que es agrio, como sus esposos. ¿Qué es lo que procuran cuando nos cambian por otras? ¿Es placer? Yo creo que sí. ¿Es el afecto lo que les impulsa? Creo que sí también. ¿Es la

---

45 Ibid, p. 377

fragilidad, que así desbarata? Creo también que es esto ¿Y es que no tenemos nosotras afectos, deseos de placer y fragilidad, como tienen los hombres? Entonces que nos traten bien, o sepan que el mal que hacemos son ellos quienes nos lo enseñan.[46]

Esta tragedia de Shakespeare sirvió de inspiración para dos versiones operísticas, ambas tituladas *Otelo*, y compuestas por Gioachino Rossini y Giuseppe Verdi. También fue adaptada en varias oportunidades para el cine.

---

[46] Ibid, p. 418, 419

6. *Macbeth:* la brujería y la traición no pagan

La Ley Natural –como explicaba Santo Tomás de Aquino– permite al ser humano distinguir entre el bien y el mal, y lo dota de una capacidad única para razonar, que lo diferencia de los animales y lo asemeja a su Creador. Cada vez que el hombre abandona su propio discernimiento y entrega su libre albedrío a manos ajenas, sobreviene la tragedia, especialmente cuando se trata de la magia, de la brujería y del esoterismo.

Tal es el caso de Macbeth, general de los ejércitos de Escocia, quien, a pesar de ser un militar valiente y exitoso, con un futuro asegurado, se deja engatusar por tres hechiceras que le prometen más honores e, incluso, la corona de rey.

Ocurre con Macbeth lo mismo que sucede con muchos hombres y mujeres, que acuden por primera vez a una bruja para que les adivine el futuro y, cuando ésta acierta en alguna predicción, entonces ya no confían más en sus propios criterios, sino que obedecen ciegamente las indicaciones de la hechicera, aunque contraríen sus principios.

Shakespeare explica muy bien cómo funciona este fenómeno, a través de uno de los personajes, Banquo, quien dice: "Frecuentemente, para atraernos a nuestra perdición, los agentes de las tinieblas nos profetizan verdades y nos seducen con inocentes bagatelas para arrastrarnos pérfidamente a las consecuencias más terribles"[47].

Shakespeare añade a la debilidad de Macbeth una enorme ambición y una esposa malvada, capaz de lo que sea con tal de obtener dinero y poder. Una mezcla explosiva que acaba con muchas vidas, pero termina destruyendo al propio Macbeth, quedando así demostrado que la brujería y la traición no pagan.

Una vez más, como lo hace en *Otelo*, Shakespeare muestra que la hipocresía es un comportamiento reiterado que utilizan los malvados para lograr sus fines. La perversa señora Macbeth recomienda a su marido preparar el camino al asesinato que va a cometer, engañando primero a su víctima: "Para engañar al mundo –le dice– pareced como el mundo. Llevad la bienvenida en los ojos, en la lengua, en las manos, y presentaos como una flor de inocencia; pero sed la serpiente que se esconde bajo esa flor".[48]

---

[47] Shakespeare, W. *Obras Completas*. Aguilar Ediciones. Madrid. 1978. Tomo 2, p. 497.
[48] Ibid, p. 500

Macbeth sabe que está a punto de cometer un horrendo crimen, y así lo reconoce en uno de los pasajes:

> *Él (el rey Duncan) se encuentra aquí bajo una doble salvaguardia. Primeramente, soy su pariente y vasallo, dos poderosas razones contra el crimen. Además, como hospedador suyo, debiera cerrar las puertas a su asesino y no tomar yo mismo el puñal. En fin, ese Duncan ha usado tan dulcemente de su poder, tan intachable ha sido en sus altas funciones, que sus virtudes clamarían como trompetas angélicas contra el acto condenable de su eliminación.*[49]

Pero la ambición, acicateada por la profecía de la bruja, lo vence, como él mismo lo dice más adelante: "No tengo otra espuela para aguijonear los flancos de mi voluntad, a no ser de mi honda ambición, que salta en demasía y me arroja del otro lado"[50], es decir, del lado del mal.

Como sucede en la vida real, un crimen conduce a otro, y una mentira requiere de muchas otras para sustentarse. Para mantenerse en el

---

[49] Ibid, p. 502
[50] Ibid, p. 502

poder ilegítimamente, Macbeth debe seguir asesinando a otras personas, incluso a sus amigos y colaboradores. De esta forma, el personaje – antes un general leal y valiente– se va transformando en un villano que hasta él mismo repudia.

Pero violar la Ley Natural tiene consecuencias, no sólo respecto a la justicia humana, sino dentro de la propia conciencia, que condena el mal cometido, llenando al individuo de remordimientos y quitándole la paz interior. Eso es justamente lo que ocurre con Macbeth, que pierde el sueño, ve visiones, desconfía hasta de los más cercanos y paulatinamente enloquece, al igual que su mujer.

En medio de su demencia, Macbeth depende cada vez más de las brujas para saber qué hacer. Y, claro, las hechiceras lo traicionan, porque poco les importa el destino de quien las invoca. Finalmente, todo sentido de bien y de razón desaparecen, y Macbeth lo confiesa con estas palabras:

Necesito que (las brujas) me digan más, porque ahora estoy resuelto a saber lo peor por los peores medios. ¡Es preciso que todo ceda ante mí! He ido tan lejos en el lago de la sangre, que, si no avanzara más, el retroceder sería tan difícil como el ganar la otra orilla. Siento en la cabeza extrañas cosas que quieren pasar a mi mano y que hay que cumplir antes que puedan meditarse.[51]

Cuando se reúne con las hechiceras por última vez, Macbeth proclama que ya nada le importa, excepto conocer los designios del más allá:

Aunque tengáis que desatar los huracanes y lanzarlos contra las iglesias; aunque las espumosas olas confundan y traguen las embarcaciones; aunque se doblen los trigos en cierne y se arranquen de cuajo los árboles; aunque los castillos se desplomen sobre las cabezas de sus guardianes; aunque los palacios y las pirámides junten su base con su cumbre; aunque ruede revuelto el tesoro de los gérmenes de la Naturaleza, hasta agotar la misma destrucción; respondedme a lo que os demande.[52]

---

[51] Ibid, p. 521
[52] Ibid, p. 525

Macbeth llega a ser rey y alcanza la cúspide del poder, pero ha perdido todo lo demás: la tranquilidad, la alegría, el cariño de sus amigos, la lealtad de sus súbditos y, sobre todo, la felicidad; pero al final de la obra, no sólo pierde el trono, sino la vida.

El personaje que mata a Macbeth con el filo de la espada (Macduff), explica muy bien lo que ocurre con los tiranos: "La intemperancia sin freno es la condición del tirano; ha sido la causa de la prematura caída de los tronos prósperos y de la vida de muchos reyes".[53]

---

[53] Ibid, p. 531

7. *Hamlet:* la indecisión lo conduce a la muerte

En *Hamlet, Príncipe de Dinamarca*, se escenifica una presentación teatral dentro de la misma obra, lo cual le permite a Shakespeare explicar cuál es su concepción del teatro: "El objeto del arte dramático, tanto en su origen como en los tiempos que corren, ha sido y es presentar, por decirlo así, un espejo a la Humanidad".[54]

El teatro clásico permite al espectador mirarse a sí mismo en ese "espejo", y adquirir experiencias y enseñanzas sin haberlas vivido personalmente, porque las aprende de los personajes que aparecen en la obra. En última instancia, el objetivo de una tragedia es presentar al espectador el destino que le espera si repite los errores de esos personajes, precisamente para evitar que lo haga.

Si a Otelo lo destruyen los celos y a Macbeth la brujería, Hamlet muere por su indecisión y por su mezquindad.

---

[54] Shakespeare, W. *Obras Completas*. Aguilar Ediciones. Madrid. 1978. Tomo 2, p. 251

El espectro del padre de Hamlet, el rey de Dinamarca, le revela que él fue envenenado por su hermano Claudio, para quitarle la vida, el reinado y hasta la reina, con quien termina casado. Hamlet no confía en el espectro, porque podría ser una aparición demoníaca; pero constata su revelación por medio de un ardid, que consiste en escenificar una obra teatral donde se repiten los detalles del envenenamiento. Claudio se altera visiblemente, confesando así su culpa; pero Hamlet, en lugar de castigarlo de inmediato, no se decide y le da largas al asunto, y eso permite el desarrollo de una cadena de trágicos acontecimientos que finalizan con la muerte de todos los personajes, incluido el propio Hamlet.

En sus tragedias, Shakespeare muestra al espectador las diferentes debilidades que aquejan a las personas, así como las terribles repercusiones de dejarse dominar por ellas. Más grave aun cuando se trata de gobernantes, porque no sólo perjudican a los personajes involucrados, sino a toda la nación. En Hamlet, uno de los personajes dice:

Si un simple particular está obligado a defender su vida con toda la fuerza y vigor de su talento, mucho más estará aquel en cuyo bienestar estriba y descansa la existencia de multitudes. Cuando sucumbe el monarca, la majestad real no muere sola, sino que, como un vórtice, arrastra consigo cuanto le rodea; es como una formidable rueda fija en la cumbre de una altísima montaña, y a cuyos enormes rayos están sujetas y adheridas diez mil piezas menores, que, al derrumbarse, arrastra consigo todos estos débiles adminículos que, como séquito mezquino, la acompañan en su impetuosa ruina. Nunca exhala el rey a solas un suspiro sin que gima con él la nación entera.[55]

El príncipe Hamlet tiene la oportunidad de detener la rueda para que ésta no descienda al abismo, pero no lo hace por mezquindad y por cobardía. No ejecuta al rey fratricida en el momento más propicio que se le presenta, porque lo encuentra rezando y no quiere que vaya al cielo.

Un infame asesina a mi padre y yo, su hijo, aseguro al malhechor la gloria. ¡Cómo! Eso fuera premio y remuneración, que no venganza –dice Hamlet, y luego añade— ¿Queda cumplida la venganza hiriendo al delincuente mientras purifica su espíritu,

---

[55] Ibid, p. 258

cuando se halla dispuesto y preparado para su fatal trance? ¡No, vuelve a tu sitio, espada, y elige otra ocasión más azarosa! Cuando duerma en la embriaguez, o se halle encolerizado; en el deleite incestuoso de su lecho; jugando, blasfemando, o en acto que no tenga esperanza de salvación.[56]

Pero a Hamlet ya no se le presenta otra oportunidad y los hechos terminan por envolverlo.

Además de la trama, que atrapa la atención de quienes la siguen, la obra está llena de máximas y de consejos, cuyo objetivo es ilustrar al espectador y elevar su nivel moral. Por ejemplo, sobre la justicia dice:

En las corrompidas corrientes de este mundo, la dorada mano del crimen puede torcer la ley, y a menudo se ha visto al mismo lucro infame sobornar la justicia. Mas no sucede allá arriba. Allí no valen subterfugios; allí la acción se muestra tal cual es, y nosotros mismos nos vemos obligados a reconocer sin rebozo nuestras culpas.[57]

---

[56] Ibid, p. 259
[57] Ibid, p. 259

Pero en las tragedias clásicas, así como en la vida real, la justicia divina no actúa después de la muerte, sino a partir del mismo momento en que se comete el crimen, porque los malhechores, conscientes de su culpa, comienzan a sufrir remordimientos que los enloquecen.

> *¡Oh, atroz es mi delito! –confiesa el rey Claudio– ¡Su corrompido hedor llega hasta el cielo! ¡Sobre él pesa la más antigua de las maldiciones: la del fratricidio! ¡Oh miserable condición la mía! ¡Oh corazón negro como la muerte! ¡Oh alma mía, cogida como un pájaro en la liga, que cuanto más pugnas por librarte, más te prendes!*[58]

Sobre el comportamiento prudente dice:

> *Sé sencillo, pero en modo alguno vulgar. Los amigos que escojas y cuya adopción hayas puesto a prueba, sujétalos a tu alma con garfios de acero, pero no encallezcas tu mano con agasajos a todo camarada recién salido sin plumas*

---

del cascarón. Guárdate de entrar en pelea; pero, una vez en ella, obra de modo que sea el contrario quien se guarde de ti. Presta a todos su oído, pero a pocos tu voz. Oye las censuras de los demás, pero reserva tu juicio. Que tu vestido sea tan costoso como tu bolsa lo permita, pero sin afectación a la hechura; rico, más no extravagante, porque el traje revela al sujeto. No pidas ni des prestado a nadie, pues el prestar hace perder a un tiempo el dinero y el amigo, y el tomar prestado embota el filo de la economía. Y sobre todo, esto: sé sincero contigo mismo, y de ello se seguirá, como la noche al día, que no puedas ser falso con nadie.[59]

Otelo, Macbeth y *Hamlet* de Shakespeare, son de las tragedias más conocidas e interpretadas, aunque en el teatro clásico existen muchas otras. En el caso de las obras épicas, como las que presentaré a continuación, también hay consejos y enseñanzas, pero los personajes

---

[59] Ibíd, p. 228

optan por las decisiones correctas y se produce un final feliz.

8. *Enrique V:* el poder de una minoría comprometida

Entre las numerosas obras teatrales de Shakespeare, una de las más hermosas y conmovedoras es, definitivamente, *La vida del Rey Enrique V.* Además, como ocurre con las obras clásicas universales, constituye un legado moral y una lección de Estado para todas las generaciones, incluyendo –muy particularmente– la nuestra.

Según la versión dramática de Shakespeare, disputas territoriales e insultos proferidos por el príncipe de Francia al Rey Enrique V de Inglaterra (1387-1422), desatan la guerra entre ambas naciones.

Enrique V y su ejército se embarcan entonces para Francia, tomando la ciudad de Harfleur. Los rigores del combate, las fatigas del viaje y las enfermedades van diezmando al ejército inglés en su avance hacia el sur, donde se encuentra el grueso de las tropas francesas.

Pese a las dificultades, el rey conserva la moral de sus hombres intacta, en primer lugar, porque él mismo se comporta intachablemente:

"yendo de puesto en puesto y de tienda en tienda... recorre las filas y visita todo su ejército, da los buenos días a sus soldados con una modesta sonrisa y los llama hermanos, amigos y compatriotas".[60]

Explica la obra que en su juventud Enrique tuvo una vida licenciosa, pero que al acceder al trono decidió cambiar de conducta, al percatarse que ello era indispensable para cumplir adecuadamente con sus responsabilidades de Estado. Por eso, cuando el príncipe de Francia vaticina confiadamente el triunfo sobre los ingleses alegando el carácter disoluto de Enrique, el enviado inglés, Exeter, le responde: "Estad seguro de que encontraréis una diferencia, la misma que nosotros, sus súbditos, hemos descubierto con admiración, entre las promesas de sus verdes años y las cualidades de que da pruebas hoy".[61]

En segundo lugar, porque el rey no le permite a su ejército cometer barbaridades o actos de corrupción, castigando incluso con la horca a todo aquel que viole estas normas. Cuando le informan que uno de sus hombres robó, Enrique responde solemnemente:

---

[60] Shakespeare, W. *Obras Completas*. Aguilar Ediciones. Madrid. 1978. Tomo 1, p. 604.
[61] Ibid, p. 589

Querríamos que todos los delincuentes de tal especie fuesen colgados, y damos orden expresa de que en nuestras marchas a través del país nada se coja en los pueblos por la violencia; nada se tome sin pagarlo; que ningún francés sea insultado o maltratado con lenguaje depresivo; porque cuando la dulzura y la crueldad entran en juego en un reino, el más bondadoso de los jugadores es el que más pronto gana.[62]

Tampoco se le permite actuar con banalidad y con superficialidad. Uno de los capitanes dice a los soldados:

¡Hablad más bajo! Si queréis tomaros solamente el trabajo de examinar las guerras de Pompeyo el Grande, descubriréis, os lo certifico, que no había charlatanerías ni puerilidades en el campamento de Pompeyo; os certifico que veréis cómo las ceremonias de las guerras y sus precauciones, y sus formas, y sus sobriedades eran de muy otra manera.[63]

---

[62] Ibid, p. 599
[63] Ibid, p. 605

Otro aspecto que levanta la moral de las tropas es la justeza de la causa: "Me parece que yo no moriría en ninguna parte con más alegría que acompañando al rey, pues su causa es justa y su querella honorable"[64], dice uno de los personajes.

Uno de los elementos más conmovedores del drama es el compromiso que Enrique V logra infundir a sus soldados, partiendo del suyo propio.

Al llegar al pueblo de Agincourt, el ejército inglés no llega a diez mil hombres, famélicos y desgastados; mientras que los franceses, por su parte, han reunido un contingente de setenta mil hombres, robustos, descansados y bien pertrechados. Pero, en lugar de aceptar la solicitud de rendición que le ofrecen los franceses, Enrique V decide ofrecer combate.

La obra no describe al rey como un insensato, capaz de sacrificar a sus soldados por orgullo o por razones mezquinas, sino como un hombre prudente y sabio, que sabe medir las fuerzas del enemigo, sintiéndose preocupado por su superioridad física y numérica. Sin embargo, Enrique V considera más importantes la fuerza moral y la determinación de sus hombres que la fuerza material de sus adversarios, que luchan sin convicción.

---

[64] Ibid, p. 606

Los nobles de Francia actúan con soberbia, alabándose a sí mismos y menospreciando al enemigo. La descripción que hacen de sí es patética: "soplemos únicamente sobre ellos" –dicen– "y el vapor de nuestra valentía los va a derribar. Es evidente que el sobrante de nuestros criados bastaría para purgar esta llanura de tan despreciable enemigo, aun cuando nosotros permaneciéramos ociosos, de charla al pie de esta montaña".

Y de los ingleses dicen: "Estas carroñas insulares, que no tienen más que los huesos, están haciendo el más feo efecto sobre la llanura".[65] La noche antes de la batalla, los franceses se atreven, incluso, a jugarse a los dados a sus futuras víctimas inglesas.

Enrique V, por su parte, mantiene un comportamiento muy diferente. La noche antes del combate, lleno de humildad, se arrepiente de todos los males que haya podido ocasionar durante su vida y hasta de las faltas cometidas por sus antecesores. Luego recorre el campamento, infundiendo ánimo a sus soldados e incitándolos a reconciliarse con Dios:

---

[65] Ibid, p. 610

El soldado en la guerra –les dice– debe hacer lo que todo enfermo en su lecho: lavar su conciencia de toda mancilla; si muere en estas condiciones, la muerte es para él una ventaja, y si no muere, el tiempo dedicado a esta preparación será tiempo bendito; y para el que sobrevive, no será un pecado pensar que es la oferta voluntaria que ha hecho a Dios de su persona la que le ha permitido sobrevivir a este día para reconocer su grandeza y para enseñar a los otros cómo deben prepararse.[66]

Finalmente pide paternalmente por ellos, diciendo:

¡Oh, Dios de las batallas! ¡Reviste de acero los corazones de mis soldados; descarta de ellos el temor; ¡quítales la facultad de contar, si el número de sus enemigos debe hacerles perder valor![67]

El punto culminante de la obra se da en la escena tercera del acto cuarto. El noble Westmoreland, primo del rey, manifiesta su

---

[66] Ibid, p. 607
[67] Ibid, p. 609

preocupación frente a la superioridad numérica de los franceses y poco antes de la batalla de Agincourt, exclama angustiado: "¡Oh, si tuviéramos aquí siquiera diez mil ingleses como esos de los que hoy permanecen inactivos en Inglaterra!". El Rey Enrique inmediatamente contesta:

¿Quién expresa ese deseo? ¿Mi primo Westmoreland? No, mi querido primo; si estamos destinados a morir, nuestro país no tiene necesidad de perder más hombres de los que somos; y si debemos vivir, cuantos menos seamos, más grande será para cada uno la parte de honor. ¡Voluntad de Dios! – exclama Enrique– No desees un hombre más, te lo ruego. ¡Por Júpiter! No soy avaro de oro, y me inquieta poco que se viva a mis expensas; siento poco que otros usen mis vestuarios; estas cosas externas no se cuentan entre mis anhelos; pero si codiciar el honor es un pecado, soy el alma más pecadora que existe. No, a fe, primo mío, no deseéis un hombre más de Inglaterra. ¡Paz de Dios! No querría, por lo mejor de las esperanzas, exponerme a perder un honor tan grande, que un hombre más podría quizá compartir conmigo. Proclama antes, a través de mi ejército, Westmoreland, que

puede retirarse el que no vaya con corazón a esta lucha; se le dará su pasaporte y se pondrán en su bolsa unos escudos para el viaje; no querríamos morir en compañía de un hombre que temiera morir como compañero nuestro. –A lo cual Westmoreland, conmovido, replica– ¡Sea la voluntad de Dios! ¡Mí soberano, quisiera que vos y yo solos, sin más fuerzas, pudiéramos luchar en esta batalla![68]

Al igual que casi todos los dramaturgos clásicos occidentales, Shakespeare inspiraba algunas de sus escenas en temas bíblicos. El discurso de Enrique V a Westmoreland, se asemeja al relato del Libro de los Jueces, donde Dios ordena a Gedeón decirles a los israelitas que se retiren sin combatir si es que tienen miedo. Luego de la purga, quedan 10 mil para combatir contra los madianitas; pero Dios no queda satisfecho y dice a Gedeón: "son muchos todavía", ordenándole deshacerse de los soldados más materialistas, a los que identifica a través de una simple prueba. Finalmente, quedan sólo 300 hombres, pero absolutamente comprometidos, y es

---

[68] Ibid, p. 611, 612

así como Gedeón obtiene un triunfo arrollador (Jueces 7).

También se asemeja al discurso de Judas Macabeo a los israelitas, cuando le reclaman que son muy pocos frente a la superioridad numérica de Serón, comandante del ejército sirio: "¿Cómo podremos luchar" –le dicen– "siendo tan pocos, contra un ejército tan numeroso y fuerte? Además, desde ayer estamos sin comer, y ya no tenemos fuerzas". Y Judas les contesta: "Es fácil que una gran multitud caiga en poder de unos pocos, pues para Dios lo mismo es dar la victoria con muchos que con pocos. En una batalla, la victoria no depende del número de soldados, sino de la fuerza que Dios da". "En cuanto acabó de hablar" –relata la Biblia– "se lanzó sin más sobre los enemigos, y Serón y su ejército fueron derrotados" (1 Macabeos 3).

Antes de iniciar el combate, Enrique V propone una alianza entre nobles y súbditos, en un discurso que ha quedado registrado en la literatura universal como uno de los más bellos y poderosos de la historia del teatro; pero a la vez constituye un claro mensaje de cómo gobernar y de cómo lograr el respaldo nacional para una causa trascendente.

Este es el día de la fiesta de San Crispín – dice el rey a sus tropas– el que sobreviva a este día volverá sano y salvo a sus lares, se izará sobre las puntas de los pies cuando se mencione esta fecha, y se crecerá por encima de sí mismo ante el nombre de San Crispín. El que sobreviva a este día y llegue a la vejez, cada año, en la víspera de esta fiesta, invitará a sus amigos y les dirá: «Mañana es San Crispín». Entonces se subirá las mangas, y, al mostrar sus cicatrices, dirá: «He recibido estas heridas el día de San Crispín». Los ancianos olvidan; empero, el que lo haya olvidado todo, se acordará todavía con satisfacción de las proezas que llevó a cabo en aquel día. Y entonces nuestros nombres serán tan familiares como los nombres de sus parientes... serán resucitados por su recuerdo viviente y saludable con copas rebosantes. Esta historia la enseñará el buen hombre a su hijo, y desde este día hasta el fin del mundo la fiesta de San Crispín nunca llegará sin que a ella vaya asociado nuestro recuerdo, el recuerdo de nuestro pequeño ejército, de nuestro feliz pequeño ejército, de nuestro bando de hermanos; porque el que vierte hoy su sangre conmigo será mi hermano; por muy vil que sea, esta jornada ennoblecerá su condición y los caballeros que permanecen ahora en el lecho de Inglaterra se considerarán como malditos por no haberse hallado aquí, y tendrán su nobleza en bajo precio cuando escuchen hablar a uno de los que han combatido con nosotros el día de San Crispín.[69]

Animados así por su rey, los ingleses se arrojan a la batalla con una ferocidad y determinación inigualables, causando estragos en el ejército francés, que finalmente sucumbe, ante la sorpresa y la humillación de los nobles de París.

---

[69] Ibid, p. 612

9. *Guillermo Tell:*
ennoblecer el alma
para vencer la tiranía

Federico Schiller incurrió en serias imprecisiones históricas cuando escribió sus obras de teatro, sobre todo al tratar temas vinculados a España o al catolicismo. Posiblemente porque, como muchos escritores de su época, estuvo influenciado por la llamada "leyenda negra".[70]

Sin embargo, Schiller es uno de los autores clásicos que más ennoblece el alma, porque sus obras están dedicadas a mejorar la condición humana, al presentar las miserias y las virtudes de las personas de una forma tal que incita al lector a evitar aquéllas e imitar éstas.

Guillermo Tell es, sin duda, una de las obras más sublimes del teatro universal: Según el relato dramático, el pueblo suizo es maltratado por el Emperador de Austria, Alberto I (1255-1308), quien desconoce las cartas de libertad que su antecesor, Federico II, les había concedido por haber

---

[70] Peña Esclusa, Alejandro. *El Continente de la Esperanza.* Ediciones Fuerza Productiva, Caracas. 2006. P. 75.

combatido a su lado en la célebre expedición austriaca por tierras italianas, que culminó con la conquista de la ciudad de Faenza.

El lugarteniente del emperador, el gobernador Gessler, demanda impuestos onerosos, actúa despóticamente y exige al pueblo suizo someterse a su autoridad de forma humillante.

No existe ya ningún motivo que justifique la lealtad de los suizos al soberano de Austria y es así como algunos de ellos deciden rebelarse. Los obstáculos externos son grandes; primero, porque el poder militar del rey es inmenso; y segundo, porque la mayoría de los habitantes de Suiza son aldeanos, campesinos y cazadores sin experiencia en las artes de la guerra. Por si fuera poco, parte de la nobleza suiza se pliega al poder austriaco, ya sea por miedo, por comodidad, o por recompensas de tipo material.

El régimen austriaco ha perdido todo sustento y popularidad. Uno de los conjurados, Melchtal, hace una encuesta y relata a los demás: "He trepado por todos los senderos tortuosos de la montaña; no hay valle, por escondido que esté, que yo no haya espiado... y en todas partes he comprobado el mismo odio a la tiranía, pues hasta en los últimos confines... la avaricia de los gobernadores lleva a cabo su rapacidad".[71]

Los suizos no aceptan la perversa "revolución" que Gessler quiere imponerles; Melchtal informa que: "no toleran que atrevidas innovaciones se introduzcan en el tranquilo transcurso de su existencia habitual".[72] De hecho, los conjurados obtienen todo el respaldo popular: 'He excitado a todos los corazones de este pueblo franco con el aguijón de mis palabras" –dice Melchtal– "y todos están con nosotros de corazón tanto como de palabra... han jurado seguiros hasta la muerte".[73] Sin embargo, Gessler se mantiene en el poder mediante las amenazas y el amedrentamiento.

Para vencer el miedo natural que sienten y para darle sustento legítimo a su rebelión, los suizos recurren a su identidad histórica y a sus derechos tradicionales inalienables. Los habitantes de los diversos cantones se juntan y hacen un recuento de las proezas de sus antepasados, recordando cómo, gracias a su sacrificio y esfuerzo, se creó la nación. Luego se tienden las manos y, orgullosos de su pasado, dicen:

---

[71] Schiller, F. *Teatro Completo*. Aguilar Ediciones. Madrid. 1973. P. 1072.
[72] Ibid, p. 1072
[73] Ibid, p. 1072

Los demás pueblos soportan el yugo del extranjero y se han sometido al vencedor. Incluso en los límites de nuestro país, son muy numerosos los que pagan tributo al extranjero y que legan a sus hijos su servidumbre; pero nosotros, la raza pura de los viejos suizos, siempre hemos conservado nuestra libertad. Jamás hemos doblado la rodilla ante los príncipes, y libremente hemos elegido al emperador como protector. Libremente hemos escogido la ayuda y la protección del Imperio; así está escrito en la carta del emperador Federico.[74]

Finalmente, hacen un juramento solemne:

Todo poder tiránico tiene su límite. Cuando el oprimido no encuentra justicia en ningún sitio, cuando la carga se le hace insoportable, se dirige a lo más alto: al Cielo. Lleno de confianza y de valor, saca de allí sus derechos eternos que allá arriba permanecen inalienables e indestructibles como las mismas estrellas; entonces se vuelve al viejo y primitivo estado de la Naturaleza, en el cual el hombre es enemigo

---

[74] Ibid, p. 1077

del hombre, en el cual, como último recurso, cuando los demás no han servido para nada, le ha sido confiada la espada... Tenemos el derecho de defender el más preciado de nuestros bienes contra la violencia... Combatimos por nuestras mujeres, por nuestros hijos.[75]

Al igual que en el caso de Shakespeare, Schiller parece haber inspirado esta escena en pasajes bíblicos. Frente a la amenaza del ejército sirio, Judas Macabeo dice a los israelitas: "Ellos vienen contra nosotros, llenos de orgullo y de impiedad, a matarnos a nosotros, a nuestras mujeres y a nuestros hijos, y a robarnos lo que tenemos. Nosotros, en cambio, luchamos por nuestras propias vidas y por nuestras costumbres. Así que no les tengan miedo, pues Dios los hará pedazos ante nuestros ojos" (1 Macabeos 3).

El héroe principal de la obra es, por supuesto, Guillermo Tell, quien se deshace del gobernador Gessler, poco después que éste le obligara a flechar una manzana colocada sobre la cabeza de su hijo; sin embargo, hay otros personajes heroicos, como por ejemplo Gertrudis,

---

[75] Ibid, p. 1078

esposa de Stauffacher, uno de los conjurados. Gertrudis conmina a su marido a rebelarse:

Escucha mi consejo –le dice– estamos cansados de la dureza y opresión del yugo... no hay un solo barco de pescador de los que llegan a nuestra ribera que no nos anuncie una nueva desgracia y un nuevo acto de violencia de esos gobernadores. Así, pues, sería conveniente que algunos de vosotros, de nobles intenciones, deliberasen en secreto sobre el modo de sacudir esta opresión; pienso que en este caso Dios no os abandonará y será clemente para una justa causa.

Stauffacher contesta:

¡Oh mujer! ¡Qué tempestad de peligrosas ideas despiertas en mi pecho tranquilo! Me haces ver a la luz del día mis más íntimos pensamientos, y aquello que yo me prohibía incluso pensar en silencio tú lo expresas audazmente y con lengua ligera. ¿Has meditado bien lo que me aconsejas? ¿podemos atrevernos nosotros, un débil pueblo de pastores, a emprender la lucha contra el dueño del mundo?

También vosotros sois hombres –contesta Gertrudis– *sabéis manejar vuestras hachas, y al hombre valiente Dios le ayuda.*

Esta casa recién construida por nosotros es tu gozo –replica Stauffacher, y añade– *la guerra monstruosa la incendiará.*

Pero Gertrudis responde decidida: *Si supiese que mi corazón estaba ligado a un bien temporal, yo misma arrojaría la tea encendida con mi propia mano.*

Arrojándose en sus brazos, Stauffacher le dice, conmovido: *Quien oprime contra su pecho tal corazón, puede combatir con alegría por su casa y por su hogar aún sin tener la fuerza guerrera de un rey.*[76] Y ya, libre de toda duda, se encamina a la lucha.

Otro de los héroes es el noble suizo Attinghausen, quien trata de convencer a su sobrino, Rudenz, de romper los lazos con los austriacos, hacer una alianza con su pueblo, y luchar por la independencia. Uno de sus discursos es éste:

Aprende a conocer, hijo, a este pueblo de pastores. Yo lo conozco bien, yo lo he

---

[76] Ibid, p. 1052, 1053

conducido a las batallas; yo lo he visto combatir en Faenza ¡Que se atrevan a venir a imponernos un yugo que nosotros no estamos dispuestos a soportar! ¡Ah! ¡Aprende a sentir la raza de que formas parte! No vayas a arrojar la pura perla de tu mérito por vanos oropeles y baratijas. Ser jefe de un pueblo libre que se consagra a ti por amor, de todo corazón; que permanezca fielmente a tu lado en todo, en el combate y la muerte: ¡Que ése sea tu orgullo! ¡Hónrate con tal nobleza! Aprieta fuertemente los lazos de la sangre, apégate a tu querida patria: esto es lo que debes mantener de todo corazón. Ahí están las poderosas raíces de tu fuerza; allí en un mundo extranjero, tú solo serás un débil junco que troncha la tempestad.[77]

Rudenz desoye a su tío, aunque posteriormente, luego de presenciar personalmente los desmanes de Gessler, abre los ojos y decide emprender una alianza con sus súbditos para derrotar definitivamente la dominación austriaca.

Como puede verse, los valores contenidos en el teatro de Schiller contrastan con el

---

[77] Ibid, p. 1069

pensamiento neomarxista actual. En aquel entonces, era lógico y natural defender a la patria, sentirse orgulloso de los próceres, subordinar los bienes materiales a fines superiores, invocar el derecho a la rebelión contra la tiranía, y, en fin, darle mayor peso al bien común que al interés propio.

Actualmente, las teorías multiculturalistas afirman que defender la patria es chovinismo, expresar orgullo por el gentilicio es xenofobia y ejercer el derecho a la legítima defensa es violencia. Como consecuencia, se está produciendo una disolución de las naciones, en detrimento de los ciudadanos y en beneficio de las elites globalistas.

10. *El Retablo de las Maravillas:* la negación de la realidad

Un entremés es una obra teatral breve, que se presenta en conjunto con otras de similar duración, o que sirve de abrebocas a una obra más larga. Miguel de Cervantes (1547-1616) escribió varios entremeses que se hicieron célebres, entre ellos, *El Juez de los divorcios, La elección de los alcaldes de Daganzo, La cueva de Salamanca y El retablo de las maravillas.*

El retablo de las maravillas es una tragicomedia, porque si bien es una sátira de lo más divertida, finaliza en una tragedia, cuyo objetivo es mostrar al espectador las consecuencias de actuar incorrectamente. En este caso, la falla de los personajes consiste en abandonar su propio criterio racional, para amoldarse a la opinión de los demás, sobre todo al "qué dirán" de orden social.

Chirinos y Chanfalla, los principales personajes de la obra, son estafadores que viajan de pueblo en pueblo, ganando dinero fácil, al presentar un espectáculo en el que –

presuntamente– aparecen figuras bíblicas como Sansón y Herodías, así como animales salvajes que saltan desde el escenario a la audiencia, como osos colmeneros y feroces leones. Los pícaros aclaran, sin embargo, los requisitos para poder ver tales maravillas:

> *Ninguno puede ver las cosas que en el (retablo) se muestran que tenga alguna raza de confeso, o no sea habido o procreado de sus padres de legítimo matrimonio; y el que fuere contagiado de estas dos tan usadas enfermedades, despídase de ver las cosas jamás vistas ni oídas de mi retablo.*[78]

Chanfalla comienza entonces su fraudulenta exhibición:

> *¡Atención, señores, que comienzo! ¡Oh tú, quienquiera que fuiste, que fabricaste este retablo con tan maravilloso artificio, que alcanzó renombre de las Maravillas por la virtud que en él se encierra, te conjuro, apremio y mando que luego incontinente muestres a estos señores algunas de las tus*

---

[78] Cervantes, M. *Obras Completas*. Aguilar Ediciones. Madrid. 1980. Tomo 1. P. 709.

maravillosas maravillas, para que se regocijen y tomen placer sin escándalo alguno! Ea, que ya veo que has otorgado mi petición, pues por aquella parte asoma la figura del valentísimo Sansón, abrazado con las columnas del templo, para derribarle por el suelo y tomar venganza de sus enemigos. ¡Tente, valeroso caballero; tente, ¡por la gracia de Dios Padre! ¡No hagas tal desaguisado, porque no cojas debajo y hagas tortilla tanta y tan noble gente como aquí se ha juntado! [79]

Ninguno de los presentes se atreve a decir que no ve nada –aunque en efecto nada vean– por temor a ser tildados de confesos o de bastardos. Igual ocurre con el resto de las apariciones. Evidentemente, en este entremés Cervantes se burla de la mojigatería, que nada tiene que ver con los valores cristianos.

En medio de esta locura colectiva, llega un soldado con su tropa a pedir alojamiento; y como no es capaz de ver las maravillas del retablo, todos lo acusan de ser uno "de ellos", es decir, confeso o bastardo. El soldado, molesto y ofendido por la falta de respeto, saca su espada y mata a todos los

---

personajes, excepto a Chirinos y a Chanfalla, que escapan para seguir a otro pueblo y presentar de nuevo su espectáculo.

Los entremeses de Cervantes son ideales para introducir a los jóvenes a participar en obras de teatro, porque son breves, los libretos son fáciles de memorizar y no necesitan de grandes instalaciones para escenificarlos. De hecho, pueden representarse en plazas públicas y escuelas.

Aunque la obra fue escrita hace cuatrocientos años, sus planteamientos siguen vigentes. Hoy existe un nuevo retablo, que es la hegemonía cultural neomarxista. La izquierda pretende que los ciudadanos acepten como válidos planteamientos absurdos, como lo son, la ideología de género, el ambientalismo radical, el aborto y el multiculturalismo.

Quien se atreva a cuestionar esta hegemonía, inmediatamente es catalogado como uno "de ellos", en el caso actual, de ultraderechista, intolerante, racista, y homofóbico. Pero, así como en el pasado los marxistas instrumentalizaban a los pobres para hacer propaganda, aunque jamás les interesó su bienestar; de la misma forma, los neomarxistas instrumentalizan a los homosexuales, a las minorías raciales, a los migrantes y al medio ambiente, no porque se interesen por ellos, sino para obtener sus propios beneficios políticos.

Sin embargo –al igual que ocurre con el soldado de Cervantes– la realidad termina imponiéndose sobre la fantasía, como de hecho ya está ocurriendo en Estados Unidos y Europa. Los padres protestan contra la sexualización de sus hijos en el colegio, los agricultores desfilan con sus tractores para luchar contra las medidas ambientalistas que los afectan y los ciudadanos exigen a los gobiernos medidas de control ante la desbordada migración ilegal.

11. El plan de gobierno de Sancho Panza

La obra cumbre de Miguel de Cervantes, *El ingenioso hidalgo Don Quijote de la Mancha*, además de jocosa y entretenida, está llena de enseñanzas y máximas de orden moral, que buscan ennoblecer al lector; como ocurre con uno de los personajes principales, el célebre escudero Sancho Panza, quien a través de la obra experimenta una bellísima transformación.

Cervantes cuenta que don Quijote solicitó a un labrador vecino suyo que lo acompañara en sus aventuras de caballero andante, y que "tanto le dijo, tanto le persuadió y prometió"[80] que al fin el pobre Sancho decidió servirle de escudero, no sin antes recibir el ofrecimiento de convertirlo en gobernador de alguna ínsula o isla, como en efecto ocurre durante el transcurso de las andanzas.

Poco antes de asumir su cargo de gobernador de la Isla de Barataria, don Quijote le hace una serie de recomendaciones a Sancho Panza (segunda parte, capítulo 42), que

---

[80] Cervantes, M. *Obras Completas*. Aguilar Ediciones. Madrid. Tomo 2. P. 330.

constituyen sin duda un plan de gobierno para cualquiera que desee hacer el bien.

Primeramente ¡oh, hijo! –aconseja don Quijote a Sancho– has de temer a Dios; porque en el temerle está la sabiduría, y siendo sabio no podrás errar en nada. Lo segundo, has de poner los ojos en quien eres, procurando conocerte a ti mismo, que es el más difícil conocimiento que puede imaginarse. Del conocerte saldrá el no hincharte como la rana que quiso igualarse con el buey. Haz gala, Sancho, de la humildad de tu linaje, y no te desprecies de decir que vienes de labradores... préciate más de ser humilde virtuoso que pecador soberbio. Innumerables son aquellos que, de baja estirpe nacidos, han subido a la suma dignidad pontificia e imperatoria; y de esta verdad te pudiera traer tantos ejemplos, que te cansaran. Mira, Sancho: si tomas por medio a la virtud y te precias de hacer hechos virtuosos, no hay para qué tener envidia a los que los tienen de príncipes y señores; porque la sangre se hereda, y la virtud se conquista, y la virtud vale por sí sola lo que la sangre no vale. Siendo esto así, como lo es, que si acaso viniere a verte cuando estés en tu ínsula alguno de tus parientes. no le deseches ni le afrentes; antes le has de acoger, agasajar y regalar; que con esto satisfarás al cielo que gusta que nadie se desprecie de lo que él hizo y corresponderás a lo que debes a la naturaleza bien concertada. Si trajeres a tu mujer contigo (porque no es bien que los que asisten a gobiernos de mucho tiempo estén sin las propias), enséñala, doctrínala, y desbástala de su natural rudeza; porque todo lo que suele adquirir un gobernador discreto suele perder y derramar una mujer rústica y tonta. Hallen en ti más compasión las lágrimas del pobre, pero no más justicia, que las informaciones del rico. Procura descubrir la verdad por entre las promesas y dádivas del rico como por entre los sollozos e importunidades del pobre. Cuando pudiere y debiere tener lugar la equidad, no cargues todo el rigor de la ley al delincuente; que no es mejor la fama del juez riguroso que la del compasivo. Si acaso doblares la vara de la justicia, no sea con el peso de la dádiva, sino con el de la misericordia. Cuando te sucediere juzgar algún pleito de algún tu enemigo, aparta las mientes de tu injuria, y ponlas en la verdad del caso. Si alguna mujer hermosa viniere a pedirte justicia, quita los ojos de sus lágrimas y tus oídos de sus gemidos, y considera despacio la sustancia de lo que pide, si no quieres que se anegue tu razón en su llanto y tu bondad en sus suspiros. Al que has de castigar con obras no trates mal con palabras, pues le basta al desdichado la pena del suplicio, sin la añadidura de las malas razones. Al culpado que cayere debajo de tu jurisdicción considérale hombre miserable, sujeto a las condiciones de la depravada naturaleza nuestra, y en todo cuanto fuere de tu parte, sin hacer agravio a la contraria, muéstratele piadoso y clemente; porque, aunque los atributos de Dios todos son iguales, más resplandece y campea a nuestro ver el de la misericordia que el de la justicia. Si estos preceptos y estas reglas sigues, Sancho, serán luengos tus días, tu fama será eterna, tus premios colmados, tu felicidad indecible, casarás tus hijos como quisieres, títulos tendrán ellos y tus nietos, vivirás en paz y beneplácito de las gentes, y en los últimos pasos de la vida te alcanzará el de la muerte en vejez suave y madura, y cerrarán tus ojos las tiernas y delicadas manos de tus terceros netezuelos.[81]

En el siguiente capítulo, don Quijote añade otros consejos:

---

[81] Ibid, p. 740, 741

Come poco y cena más poco; que la salud de todo el cuerpo se fragua en la oficina del estómago. Sé templado en el beber, considerando que el vino demasiado ni guarda secreto, ni cumple palabra. Sea moderado tu sueño; que el que no madruga con el sol no goza del día; y advierte ¡oh, Sancho! que la diligencia es madre de la buena ventura; y la pereza, su contraria, jamás llegó al término que pide un buen deseo. Este último consejo que ahora darte quiero... y es que jamás te pongas a disputar de linajes, a lo menos, comparándolos entre sí, pues, por fuerza, en los que se comparan uno ha de ser el mejor, y del que abatieres serás aborrecido, y del que levantares, en ninguna manera premiado.[82]

Como puede verse, las conmovedoras palabras del Quijote, que parecen provenir de un padre amoroso a un hijo, no abordan aspectos técnicos sobre economía, construcción, transporte o salud, sino asuntos morales, que se refieren al carácter de un gobernante y a los deberes hacia Dios y hacia el prójimo, con lo cual todo los demás viene por añadidura.

---

[82] Ibid, p. 742, 743

En respuesta, Sancho contesta:

Si a vuestra merced le parece que no soy de pro para este gobierno, desde aquí le suelto... y si se imagina que por ser gobernador me ha de llevar el diablo, más me quiero ir Sancho al cielo que gobernador al infierno.[83] Por Dios, Sancho –responde don Quijote orgulloso– que por solas estas últimas razones que has dicho juzgo que mereces ser gobernador de mil ínsulas: buen natural tienes, sin el cual no hay ciencia que valga; encomiéndate a Dios, y procura no errar en la primera intención: quiero decir que siempre tengas intento y firme propósito de acertar en cuantos negocios te ocurrieren, porque siempre favorece el cielo los buenos deseos.[84]

Sancho Panza asume el gobierno de Barataria y, siguiendo los consejos de don Quijote y su propia intuición, realiza una excelente gestión, maravillando al caballero de La Mancha y a todos los ciudadanos de la isla, pero a los pocos días cae en cuenta que gobernar no es cosa de mandar y de

---

[83] Ibid, p. 744
[84] Ibid, p. 745

ser servido, sino más bien de servir y de mucho sacrificarse, por lo cual pronto se cansa y abandona voluntariamente el cargo.

12. La redención de Sancho guiada por el Quijote

Existen algunas interpretaciones sobre la obra de Cervantes, según las cuales don Quijote es un loco, porque vive en el mundo de los sueños y de las ilusiones; mientras que Sancho Panza es un hombre cuerdo y sensato, a pesar de ser ignorante, porque tiene los pies bien puestos en la tierra y porque busca satisfacer necesidades materiales concretas.

Pero a medida que transcurren las divertidas aventuras de don Quijote, Sancho va abandonando su actitud inicial de ganapán y va adquiriendo un gusto por lo sublime y por los ideales nobles. Igual ocurre con el lector que a veces se destornilla de la risa y a veces llora tiernamente por las desventuras del Quijote, pero al final desea ser él también un caballero andante; es decir, alguien que lucha por la justicia y por el bien, sin querer obtener nada a cambio, excepto la felicidad que eso conlleva.

Don Quijote se ha convertido en el personaje que mejor representa el espíritu de la Hispanidad. El historiador español Julián Juderías (1877-1918), autor del libro *La Leyenda Negra*, explica que:

> *La labor de España fue, ante todo, espiritual; no persiguió como fin último lo que otros pueblos persiguen; no hizo el alarde que otros hacen... en un sentido francamente materialista. (España) Fue tenida por menos por cuantos creían y creen que el ideal del hombre debe ser conseguir un máximo de bienes y de comodidades, aun a costa de claudicaciones y renuncias en el orden moral. Don Quijote no salió de su aldea para ganar dinero, sino honra.*[85]

En 1905, otro historiador español, Marcelino Menéndez y Pelayo (1856-1912), pronunció un discurso en la fiesta académica organizada por la Universidad Central de Madrid para conmemorar el III Centenario de la Publicación del Quijote, en el que dice:

---

[85] Juderías, J. *La Leyenda Negra*. Editora Nacional. Madrid. 1974. P. 38.

El héroe, que en los primeros capítulos no es más que un mono-maníaco, va desplegando poco a poco su riquísimo contenido moral... se pule y ennoblece gradualmente, domina y transforma todo lo que le rodea. Entonces no causa lástima, sino veneración; la sabiduría fluye en sus palabras de oro; se le contempla a un tiempo con respeto y con risa, como héroe verdadero y como parodia del heroísmo.[86]

Y en cuanto a Sancho Panza, Menéndez y Pelayo afirma:

Lo que en su naturaleza hay de bajo o inferior, los apetitos francos y brutales, la tendencia prosaica y utilitaria, si no desaparecen del todo, van perdiendo terreno cada día bajo la mansa y suave disciplina que don Quijote profesa... Sancho es un espíritu redimido y purificado del fango de la materia por don Quijote; es el primero y mayor triunfo del ingenioso hidalgo; es la estatua moral que van labrando sus manos

---

[86] Menéndez y Pelayo, M. *Discurso con motivo de la conmemoración del III Centenario de la Publicación del Quijote.* Centro Virtual Cervantes. Disponible en http://tinyurl.com/2rtej8hj

en materia tosca y rudísima, a la cual comunica el soplo de la inmortalidad... Es la conquista del ideal por un loco y por un rústico, la locura aleccionando y corrigiendo a la prudencia mundana.[87]

En su *Teoría de los principios teológicos*, el entonces Cardenal Ratzinger, luego Papa Benedicto XVI, escribió sobre la obra de Cervantes:

¡Qué noble locura aquella que hace que Don Quijote elija una profesión en la que «ha de ser casto en los pensamientos, honesto en las palabras, liberal en las obras, valiente en los hechos, sufrido en los trabajos, caritativo con los menesterosos, y finalmente, mantenedor de la verdad, aunque le cuesta la vida el defenderla»! Las locuras insensatas se han convertido en amable espectáculo en el que se hace perceptible un corazón puro... El núcleo de la locura coincide con el extrañamiento de la bondad en un mundo cuyo realismo se burla, por lo de más, de aquel que acepta la verdad como realidad y que arriesga la vida en su defensa.[88]

---

[87] Ibid.

En efecto, la verdadera locura no es la del Quijote, sino la de la sociedad posmoderna, la cual, influenciada por la guerra cultural marxista, pretende encontrar la felicidad en consumo de los bienes materiales y en los placeres mundanos.

Al finalizar sus aventuras, don Quijote cae enfermo y, sintiendo cerca la muerte, decide redactar su testamento. Llegado este momento, un hermoso y conmovedor diálogo se desarrolla entre el hidalgo y su escudero.

> *Es mi voluntad –declara don Quijote– si como estando yo loco fui parte para darle el gobierno de la ínsula, pudiera ahora, estando cuerdo, darle el de un reino, se le diera, porque la sencillez de su condición y fidelidad de su trato lo merece. Y volviéndose a Sancho, le dice: Perdóname, amigo, de la ocasión que te he dado de parecer loco como yo, haciéndote caer en el error en que yo he caído, de que hubo y hay caballeros andantes en el mundo. ¡Ay! – responde Sancho llorando– No se muera vuestra merced, señor mío, sino tome mi*

---

[88] Velazco, Mar. *Benedicto XVI escribe sobre Don Quijote: «Cervantes sabía que tenía un alma noble».* Solidaridad. Junio, 2005. Disponible en http://tinyurl.com/23x7y7dt

consejo, y viva muchos años; porque la mayor locura que puede hacer un hombre en esta vida es dejarse morir, sin más ni más, sin que nadie le mate, ni otras manos le acaben que las de la melancolía. Mire no sea perezoso, sino levántese de esa cama, y vámonos al campo vestidos de pastores, como tenemos concertado: quizá tras de alguna mata hallaremos a la señora doña Dulcinea desencantada, que no haya más que ver. Si es que se muere de pesar de verse vencido, écheme a mí la culpa, diciendo que por haber yo cinchado mal a Rocinante le derribaron; cuanto más que vuestra merced habrá visto en sus libros de caballerías ser cosa ordinaria derribarse unos caballeros a otros, y el que es vencido hoy ser vencedor mañana.[89]

Evidentemente, ya Sancho solo desea seguir viviendo las aventuras de un caballero andante, dejando atrás sus apegos a lo material. Ha dejado de ser "cuerdo", para convertirse en "loco".

---

[89] Cervantes, M. *Obras Completas*. Aguilar Ediciones. Madrid. Tomo 2. P. 861.

Finalmente, Don Quijote muere tranquilamente en su lecho, luego de haber recibido todos los sacramentos, y uno de sus amigos, el bachiller Sansón Carrasco, coloca el siguiente epitafio en su sepultura:

> *Yace aquí el Hidalgo fuerte*
> *que a tanto extremo llegó*
> *de valiente, que se advierte*
> *que la muerte no triunfó*
> *de su vida con su muerte.*
> *Tuvo a todo el mundo en poco;*
> *fue el espantajo y el coco*
> *del mundo, en tal coyuntura,*
> *que acreditó su ventura,*
> *morir cuerdo y vivir loco.*[90]

---

[90] Ibid, p. 862

13. Verdi: *Va pensiero*, un hermoso himno a la libertad

El compositor italiano Giuseppe Verdi (1813-1901) escenificó varias obras teatrales de Shakespeare y Schiller, adaptándolas para la ópera, entre ellas *Otelo*, *Macbeth*, *Juana de Arco* y *Don Carlos*.

Verdi tenía gran interés en la política, al punto que alcanzó el cargo de diputado y posteriormente el de senador. Al igual que todos los artistas clásicos, su obra tenía una clara intención de promover principios y valores de orden trascendente.

La soprano Rita Belenghi escribió en su libro titulado *Giuseppe Verdi*, que su búsqueda incesante de valores humanos fundamentales, su tensión ética, convirtieron las óperas de Verdi en productos artísticos admirables, realizados mediante rigurosos mecanismos morales.[91]

---

[91] Belenghi, R. Giuseppe VerdL Liguori Editori, Nápoles. 2007. Disponible en http://tinyurl.com/yc75m89b

En una carta enviada desde París a su amigo, el conde milanés Opprandino Arrivabene, Verdi explica que su objetivo es descubrir grandes eventos históricos relacionados a los gobiernos, y añade "lo que exijo es que aquellos que gobiernen sean ciudadanos de gran talento y de una honestidad intachable".[92]

La ópera *Nabucco* está basada en pasajes del Antiguo Testamento y relata la historia del rey Nabucodonosor II y la opresión del pueblo judío, que imploraba por su liberación y por recuperar su patria. El coro *Va pensiero* –vuela pensamiento– se ha convertido en un himno contra la tiranía.[93]

En esta oportunidad, la villana es una mujer, Abigail, que manipula a Nabucodonosor para que decrete la muerte de todos los judíos, sin él darse cuenta que con esta medida ha firmado la muerte de su propia hija, Fenena, quien se ha convertido al judaísmo. Más adelante, Nabucodonosor también se convierte y lidera a sus soldados para evitar el exterminio de los hebreos. Finalmente, Abigail es derrotada y se suicida envenenándose.

El estreno se llevó a cabo el 9 de marzo de 1842 en *La Scala* de Milán y causó gran sensación,

---

[92] Peña Esclusa, Alejandro. *Arte clásico y buen gobierno*. Ediciones Fuerza Productiva. Caracas. Febrero 2008. Cap. 13.
[93] Canal Solopevach. *Giuseppe Verdi, Nabucco*. (Video) YouTube. Disponible en   http://tinyurl.com/4uw75njp

porque, como en ese entonces Italia se encontraba bajo la ocupación austriaca, hubo una identificación inmediata del público italiano con los judíos oprimidos en la ópera Nabucco.

Dado que los italianos ansiaban coronar como rey de una Italia unificada a Víctor Emanuel de Saboya, el apellido de Verdi pasó a ser un símbolo para la resistencia a la ocupación extranjera, puesto que sus iniciales se identificaban con la frase: "Víctor Emanuel rey de Italia". Cuando los militantes de la resistencia deseaban burlar a la policía austriaca, gritaban "¡Viva Verdi!", para así ocultar los vítores al rey. Dos décadas más tarde, la causa nacional triunfa y Víctor Emanuel es coronado en 1861.

El bellísimo coro del *Va pensiero* fue entonado en los funerales de Verdi y su traducción al español es la siguiente:

¡Vuela pensamiento, con alas doradas,
pósate en las praderas y en las cimas
donde exhala su suave fragancia
el aire dulce de la tierra natal!
¡Saluda a las orillas del Jordán
y a las torres destruidas de Sión!
¡Ay, mi patria, hermosa y perdida!
¡Ay recuerdo tan grato y fatal!
¡Arpa dorada de los profetas!

¿Por qué cuelgas silenciosa del sauce?
Aviva en nuestros pechos el recuerdo,
¡háblanos del tiempo pasado!
Canta un aire de crudo lamento
al destino de Jerusalén
o que te inspire el Señor una melodía
que infunda virtud al padecimiento.[94]

En octubre de 2010, luego de escuchar un concierto del *Réquiem* de Verdi, el Papa Benedicto XVI exclamó que la obra era "una gran llamada al Padre eterno en el intento de superar el grito de desesperación ante la muerte", y más adelante añadió:

Libre de los elementos de la escena, Verdi expresa, sólo con las palabras de la liturgia católica y con la música, la gama de sentimientos humanos ante el final de la vida, la angustia del hombre frente a su fragilidad natural, el sentimiento de rebelión ante La muerte, el desconcierto en el umbral de la eternidad.[95]

---

[94] Las letras de obras musicales como *Nabucco*, el *Réquiem*, y *Fidelio*, pueden obtenerse, tanto en el idioma original como en las diversas traducciones, a través de cualquier buscador electrónico.
[95] Bourdin, Anita. *El Réquiem de Verdi: "un grito a Dios ante*

la muerte", *según el Papa*. Agencia Zenit. 2010. Disponible en
http://tinyurl.com/22thn46j

14. Beethoven: Fidelio, testimonio de un amor sublime

Fidelio, la única ópera que compuso Beethoven (1770-1827), combina la extraordinaria belleza de la música clásica con un mensaje sobre el heroísmo, la valentía, la justicia, el amor y la fidelidad.[96]

La obra se desarrolla a finales del siglo XVIII, en una cárcel cerca de Sevilla, y relata la conmovedora historia de un prisionero político, Florestán, y los esfuerzos heroicos de su esposa, Eleonora, para liberarlo y salvarlo de la muerte.

El villano es Don Pizarro, gobernador de la prisión de Sevilla, quien mantiene encarcelado al noble Florestán, sin haber cometido ningún delito, solamente por ser su enemigo político.

Para llevar a cabo su plan de liberación, Eleonora se disfraza de mozo, usando el nombre de Fidelio (el cual hace referencia a la fidelidad conyugal), y logra obtener un empleo dentro de la

---

[96] Canal Datuna. Beethoven, Fidelio. (Video) YouTube. Disponible en http://tinyurl.com/5n9y2n6w

cárcel, así como la confianza del carcelero. Esto le permite frustrar –pistola en mano– el intento de asesinato que ejecuta Don Pizarro contra Florestán y luego denunciarlo.

Pizarro es encarcelado y Florestán sale libre. Los esposos salen al patio, donde están los demás prisioneros. Todos alaban la fidelidad y el arrojo de Eleonora, y celebran el triunfo del amor y de la justicia.

La obra está llena de momentos impactantes y conmovedores, como cuando Florestán está solo en su celda, el calabozo más profundo de la prisión, y canta ¡Gott! ¡Welch Dunkel híer! (¡Dios! ¡Qué oscuridad hay aquí!). Está encarcelado injustamente, sin esperanzas de salir libre y, sin embargo, confía plenamente en Dios y en que se cumplirá Su voluntad:

> *¡Oh silencio, lleno de terror!*
> *solitaria es mi tumba,*
> *no hay cerca alma viviente,*
> *¡Oh qué prueba tan dura!*
> *Sin embargo, en Dios no hay error*
> *Su voluntad se cumplirá,*
> *sin importar cuánta angustia deba yo soportar*

Más adelante, Florestán pronuncia estas hermosas palabras que hacen brotar lágrimas de emoción:

Acepto resignado todo este sufrimiento
Aunque muera solo y en la ignominia,
Bienvenida sea la muerte cuando llegue
porque sé que he cumplido con mi deber.

El gran final, sublime y grandioso, recuerda el último movimiento de la *Novena sinfonía* de Beethoven, donde el coro canta la *Oda a la alegría*, escrito por Federico Schiller.

En diciembre de 1944, haciendo la presentación de Fidelio en Estados Unidos, el célebre músico Arturo Toscanini aseguró que Beethoven era un firme defensor de la libertad y que se oponía a los tiranos como Napoleón Bonaparte, y que, de estar vivo, también se opondría a Hitler y a Mussolini.[97]

Los valores trascedentes expresados con gran belleza en las obras de teatro de Shakespeare y en las óperas de Verdi y de Beethoven, contrastan con el teatro del absurdo posmoderno, influenciado por el materialismo neomarxista.

---

[97] Peña Esclusa, Alejandro. *Arte clásico y buen gobierno.* Ediciones Fuerza Productiva. Caracas. Febrero 2008.

En mi juventud, por ejemplo, estaba de moda una obra del dramaturgo estadounidense Samuel Beckett, titulada *Esperando a Godot*, la cual trata de dos vagabundos llamados Vladimir y Estragon que esperan en vano junto a un camino a un tal Godot, con quien aparentemente tienen una cita.

El público nunca llega a saber quién es Godot, o qué tipo de asunto han de tratar con él. En cada acto, aparecen el cruel Pozzo y su esclavo Lucky (en inglés, "afortunado"), seguidos de un muchacho que hace llegar el mensaje a Vladimir y Estragon de que Godot no vendrá hoy, "pero mañana seguro que sí".

La trama, que intencionalmente no tiene ningún hecho relevante y es altamente repetitiva, simboliza el tedio y la carencia de significado de la vida humana, tema recurrente del existencialismo.[98] En la *Encyclopedia of World Literature in the 20th Century* se lee: "Todo el trabajo de Beckett retrata la tragicomedia de la condición humana en un mundo sin Dios, sin ley y sin sentido".[99]

Cuando la vi, esta obra me pareció fastidiosa, incoherente y, sin duda, una pérdida de

---

[98] *Esperando a Godot*. 2011. Wikipedia, la enciclopedia libre. Disponible en http://tinyurl.com/4bdxnujn
[99] Biblioteca Nacional de España. *Samuel Beckett*. Disponible en http://tinyurl.com/murr74jk

tiempo. Pero al igual que sucede con *El retablo de las maravillas*, quien se atreviese a criticarla era catalogado como "uno de ellos", o sea, un ignorante, incapaz de apreciar el teatro del absurdo.

Increíblemente, al igual que ocurrió con los existencialistas Albert Camus y Jean-Paul Sartre, Beckett fue galardonado con el Premio Nobel de Literatura en 1969.[100]

---

[100] Ibid.

15. El Réquiem de Mozart y la vida eterna

A diferencia de los animales, el ser humano cobra conciencia de que su propia vida es finita. Este terrible descubrimiento, que ocurre cuando se alcanza el uso de razón, coloca al individuo ante una disyuntiva que define el resto de su existencia. Antes de que le sobrevenga la muerte –sabiendo que cuenta con un tiempo limitado sobre la Tierra– le corresponde decidir cómo y en qué utilizar esos efímeros años.

Unos deciden disfrutar cada momento de su vida, experimentando placeres mundanos y acumulando riquezas. Otros deciden buscar el reconocimiento de los demás, alcanzando títulos y honores. Hay quienes deciden buscar la felicidad, haciendo el bien a los demás, aunque eso conlleve sacrificios personales. Y así sucesivamente.

Al final, cuando se acerca la muerte, cada uno enfrenta su profundo dilema existencial conforme haya llevado su vida. Una de las formas de saber quién tomó una mejor decisión ocurre justo antes de la muerte, en caso de no presentarse abruptamente. Unos mueren insatisfechos, en medio de una gran angustia, y otros mueren conformes, e incluso con una impresionante paz interior.

En su encíclica *Fe y razón*, el Papa Juan Pablo II expresó sobre la inevitabilidad de la muerte:

> *La primera verdad absolutamente cierta de nuestra existencia, además del hecho de que existimos, es lo inevitable de nuestra muerte. Frente a este dato desconcertante se impone la búsqueda de una respuesta exhaustiva. Cada uno quiere –y debe– conocer la verdad sobre el propio fin. Quiere saber si la muerte será el término definitivo de su existencia o si hay algo que sobrepasa la muerte: si le está permitido esperar en una vida posterior o no.*[101]

El *Réquiem* de Wolfgang Amadeus Mozart (1756-1791), una de las obras más hermosas en la historia de la música, aborda justamente el tema de la muerte y del dilema que enfrenta el ser humano ante esa realidad.[102]

---

[101] Papa Juan Pablo II. *Carta encíclica Fides et ratio*. Art. 26. Vatican. Septiembre, 1998. Disponible en http://tinyurl.com/65u7nspx
[102] Canal Akademia Filmu. *Mozart, Requiem*. (Video) YouTube. Disponible en http://tinyurl.com/2wsnmnfb

Luego de una oración, pidiendo el descanso eterno de las almas y rogando a Dios que tenga piedad, la obra describe ese tremendo momento cuando la persona debe dar cuenta al Creador de sus actos; acontecimiento que ocurre incluso antes de la muerte, cuando el individuo reflexiona sobre lo que ha hecho en su vida, y se anticipa al juicio divino:

Día de ira será aquel día en que
los siglos serán reducidos a cenizas
como profetizó David con Sibila.
¡Cuán tremendo será el temor
cuando venga el juez
a exigirnos cuentas, rigurosamente!

Inmediatamente después, el *Réquiem* describe cómo será el juicio final, en medio de trompetas que anuncian la llegada del Juez supremo, cuando nada quedará impune:

La trompeta esparce su sonido
por las regiones sepulcrales
para reunir a todos ante el trono.
Muerte y naturaleza, quedarán estupefactos
cuando resuciten las criaturas,
para responder al juez
por aquellos libros proféticos
que todo lo contienen,

el mundo será juzgado.
Entonces cuando el juez tome asiento,
todo lo oculto saldrá a la luz
nada quedará impune
¿Qué podré decir yo, desdichado?
¿A qué abogado invocaré,
cuando ni los justos están seguros?

El espectador se encuentra erizado, colocándose en la misma situación, cuando tenga que rendir cuentas, y se conmueve al escuchar al coro pidiendo clemencia:

Recuerda, Jesús piadoso,
que soy la causa de tu venida
no me pierdas aquel día.
Buscándome, te sentaste cansado
padeciendo en la cruz me redimiste,
tanto trabajo no sea en vano.
Justo juez castigador,
otórgame el perdón antes del Día del Juicio.
Me lamento como un acusado,
la culpa ruboriza mi rostro,
perdona, Dios a quien te implora.
Tú que absolviste a Maria (Magdalena)
y perdonaste al ladrón,
también a mí me has dado esperanza.
Mis súplicas no son dignas

pero   tú,   bueno   como   eres,   haz benignamente
que no sea yo quemado en el fuego eterno.

Uno de los pasajes más hermosos es el *Domine Jesu Christe*, Señor Jesucristo, donde se da un bellísimo cruce de violines, mientras el coro pide al Mesías que salve a los fieles difuntos y que San Miguel los conduzca al cielo, como "lo prometiste a Abraham y a su descendencia":

Señor Jesucristo, Rey de gloria,
libera a las almas de todos tus fieles difuntos
de las penas del infierno y del profundo lago;
libéralas de la boca del león,
que el abismo no las absorba,
ni caigan en las tinieblas.
Que tu abanderado San Miguel
los conduzca a tu santa luz
como lo prometiste a Abraham
y a su descendencia[103]

La obra finaliza con una alabanza a Dios (*Sanctus, Benedictus y Agnus Dei*), apelando a la

---

[103] Colegio Internacional Kolbe. *Letras del Réquiem de Mozart*. Madrid. Disponible en http://tinyurl.com/53vwx7v8

misericordia del Señor y pidiéndole el descanso eterno para todas las almas.

Los avatares del día a día y la necesidad de asegurar la supervivencia suelen apartar a las personas de la reflexión sobre la muerte y, en consecuencia, sobre el sentido de su propia existencia. Sin embargo, la vida está llena de problemas, como lo son los accidentes, las enfermedades, las estrecheces económicas o el fallecimiento de seres queridos. Cuando esto ocurre, cada uno enfrenta momentos de miedo, angustia e incertidumbre y surge el tema ineludible respecto a si existe un más allá.

El arte clásico, a través de obras como el *Réquiem*, acude a nuestro auxilio para proporcionarnos la respuesta, de manera bella y conmovedora, porque la música de Mozart eleva a las personas, mueve sus emociones y facilita la reflexión sobre los temas más profundos.

16. Brunelleschi: cuando la ciencia y la belleza se combinan

La majestuosa cúpula de la catedral de Florencia, *Santa María del Fiore*, es, sin duda, una de las más grandes obras de arquitectura de todos los tiempos. Su construcción –con más de cuatro millones de ladrillos y un peso de cuarenta mil toneladas– era una meta imposible de lograr hace seiscientos años, con la tecnología existente en aquella época.

"Es la mayor obra de albañilería que el mundo haya conocido nunca... construida 60 años antes de que Colón cruzara el Atlántico, sin ayuda de máquinas o materiales modernos, la cúpula sigue siendo la mayor de su clase en el mundo", señala un documental difundido por *TVE* de España.[104]

La cúpula construida por Filippo Brunelleschi (1377-1446) cubre un espacio de casi 46 metros de ancho, con 33 metros de alto, por encima de los

---

[104] Canal de Alejandro Sarbach. Abril 2015. *Los secretos del duomo*. (Video). YouTube. Disponible en http://tinyurl.com/2tvadxrr

muros de la catedral, que miden 52 metros de altura. Es decir, que del piso al tope de la cúpula existen casi 85 metros.

La construcción de la obra tenía dos obstáculos, sumamente difíciles de superar. El primero, el gran tamaño de la bóveda, lo cual hacía imposible –por los altos costos– colocar una estructura debajo para que sostuviera los ladrillos mientras se secaba la mezcla que los unía. Y el segundo, el gran peso de la cúpula, que podría causar su desplome durante o después de su edificación.

Para solucionar estos dos inconvenientes, Brunelleschi diseñó un ingenioso sistema para construir la cúpula, de forma tal que cada tramo no solo se auto sustentase, sino que sirviera de apoyo al próximo tramo. El esquema usado por el arquitecto italiano estaba compuesto de tres aspectos novedosos.

El primero fue colocar los ladrillos en forma de zigzag, es decir, uno vertical y otro horizontal, y no poniendo todos horizontalmente, como se acostumbraba. Este esquema se conoce con el nombre de patrón "espina de pez".

El segundo fue colocar los ladrillos en forma de espiral, rodeando toda la cúpula, para de esta forma resistir la fuerza de la gravedad de manera más eficiente.

Y el tercero fue crear un arco invertido en cada una de las ocho secciones de la cúpula, algo similar a la caída que se produce entre los nervios de un paraguas abierto, para así reducir considerablemente la presión sobre la estructura.

Brunelleschi pudo contemplar su gran obra finalizada, aunque no pudo ver incorporada la "linterna" de 16 metros colocada posteriormente sobre la cúpula, en cuya cima existe una gran esfera rematada en bronce, diseñada por Andrea Verrocchio. Como dato curioso, en esa época el joven Leonardo da Vinci trabajaba en el taller de Verrocchio.

Una vez finalizada, la catedral de *Santa María del Fiore* fue la sede del Concilio de Florencia de 1439, el cual se desarrollaba en la ciudad de Ferrara, pero un brote de peste negra obligó a que fuera trasladado a la Toscana. La majestuosidad de la cúpula y los avances tecnológicos desarrollados para construirla sirvieron de inspiración para los integrantes del Concilio.

La obra era una muestra evidente de la condición única del ser humano, hecho a la imagen y semejanza de Dios y, por tanto, capaz de crear, descubrir los secretos de la ciencia y, además, expresar con sus obras armonía y belleza; todo lo cual se traducía en optimismo y confianza en futuro.

Brunelleschi murió en el año 1446. Su tumba se encuentra en la cripta de la catedral de Florencia, donde el epitafio dice:

Lo mucho que Filippo fue eminente en el arte de Dédalo, es visible en la magnífica cúpula de este muy famoso templo, y por las muchas máquinas inventadas por él a través de su intelecto divino. Y por las excelentes cualidades de su alma y su singular virtud, su bien merecido cuerpo fue enterrado en esta tierra el 15 de mayo de 1446, por orden de su agradecida patria.[105]

Tal como ocurre con la literatura, el teatro, la música y la pintura, las corrientes culturales neomarxistas, que reniegan del sentido trascendente de la vida, también tienen su expresión en las edificaciones, como es el caso de la arquitectura de vanguardia, cuyo principal objetivo es impresionar a la gente, por medio de formas estrambóticas.

---

[105] Visit Tuscany. *Brunelleschi: vida, obras, curiosidades y arte.* Disponible en http://tinyurl.com/57b8ncub

En el capítulo 3 se explicó que Federico Schiller reclamaba a la civilización haber divido artificialmente las ciencias y haber separado el entendimiento intuitivo del especulativo, "encerrándolos en campos hostiles, cuyos límites empezaron a vigilar con desconfianza y recelos". Pero no debería ser así, y no fue así durante el Renacimiento. En aquella época, las artes y las ciencias se daban la mano y trabajaban juntas.

En la concepción posmoderna del arte, se plantea que el artista pueda abandonar la racionalidad y simplemente expresar lo que siente, es decir, su "mundo interior", ya sean sus rabias, frustraciones o deseos, por muy negativos que estos sean. Es decir, se propone que el alcance universal del arte se reduzca a las emociones individuales de artista.

Pero, así como un piloto no está facultado para volar un avión de manera arbitraria; y un médico no puede operar a un paciente contrariando las normas de la cirugía; de la misma manera un artista no debería hacer lo que le venga en gana, solo para satisfacer sus caprichos.

Escritores, poetas, dramaturgos, compositores, pintores, escultores y arquitectos, están llamados a dar lo mejor de sí y a enaltecer a la sociedad, produciendo frutos bellos, buenos y abundantes, en lugar de convertirse, como decía

Dante, en "devastador remolino que todo lo traga y nada devuelve".

En última instancia, como les propuso el Papa Benedicto XVI, los artistas deberían hablar al corazón de la humanidad, tocar la sensibilidad individual y colectiva, y de suscitar sueños y esperanzas":

> *Queridos artistas, yo quiero dirigiros un llamamiento cordial, amistoso y apasionado. Vosotros sois los guardianes de la belleza; gracias a vuestro talento, tenéis la posibilidad de hablar al corazón de la humanidad, de tocar la sensibilidad individual y colectiva, de suscitar sueños y esperanzas, de ensanchar los horizontes del conocimiento y del compromiso humano. Por eso, sed agradecidos por los dones recibidos y plenamente conscientes de la gran responsabilidad de comunicar la belleza, de hacer comunicar en la belleza y mediante la belleza. Sed también vosotros, mediante vuestro arte, anunciadores y testigos de esperanza para la humanidad.* [106]

---

[106] Papa Benedicto XVI. Encuentro con los artistas en la Capilla Sixtina. Vatican. Noviembre, 2009. Disponible en http://tinyurl.com/379s8v93

17. Rafael Sanzio y el programa cultural del Renacimiento

Los pintores del Renacimiento italiano –entre ellos, Giotto, Fra Angelico, Botticelli, Verrocchio, Da Vinci y Raffaello– expresaban en sus obras no solo armonía y belleza, sino también los valores cristianos de la civilización occidental. Muchos de sus cuadros se refieren a pasajes bíblicos e importantes acontecimientos históricos, mientras que otros –incluidos los retratos– exaltan las virtudes que adornan a los seres humanos.

El gran pintor neerlandés Rembrandt, quien plasmó decenas de sus célebres autorretratos, decía: "La vida se graba en nuestros rostros a medida que envejecemos, mostrando nuestra violencia, excesos o amabilidades".[107] No es casual, pues. que sus autorretratos registren el desarrollo de su propia personalidad a través de los años, mostrando a un hombre cada vez más humano y bondadoso.

---

[107] Hernández, J.M. *Rembrandt*. Citas y frases célebres. Disponible en http://tinyurl.com/4wvn7akn

Constituye una experiencia única e inolvidable visitar el Museo Vaticano, donde se encuentran las *Stanze di Raffaello* (Salas de Rafael Sanzio), donde están plasmadas una serie de frescos extraordinarios. Se trata de cuatro habitaciones denominadas *de la Signatura, de Heliodoro, del Incendio del Borgo, y de Constantino.*

Uno de los frescos más hermosos y colorido es *La Escuela de Atenas*, el cual, según la experta en arte Andrea Imaginario, representa:

> *(La) celebración de la filosofía, madre de todas las ciencias, así como en la celebración del pensamiento científico y el reconocimiento a los aportes de los pensadores (filósofos, matemáticos, geómetras, etc.) de la antigüedad… La obra encarna todo el programa cultural del Renacimiento, pues vemos la presencia de los grandes pensadores y científicos del mundo clásico, e incluso del mismo Renacimiento.*[108]

---

[108] Imaginario, Andrea. *La Escuela de Atenas de Rafael Sanzio*. Cultura Genial. Disponible en http://tinyurl.com/ydwnywj9

Andrea Imaginario presenta una descripción detallada del fresco:

Como escenario, Rafael representa tres bóvedas de cañón sucesivas, formadas por arcos de medio punto, cuyos fondos abiertos y separaciones sugeridas crean mayor sensación de profundidad. A los lados de tales bóvedas, vemos una galería de columnas y estatuas, referencia alegórica de la cultura grecolatina. Dos figuras escultóricas flanquean la escena y la dominan en la mitad superior. Se trata de Apolo, símbolo del orden, la armonía y la razón, y Atenea, símbolo de la sabiduría, las artes y la estrategia bélica. Sobre este escenario, vemos la representación de diversos personajes históricos del ámbito de la filosofía, la matemática, la ciencia, las artes y la política. Ellos conviven con la presencia extemporánea de algunas figuras de la época renacentista, incluido el propio Rafael.[109]

Entre los personajes representados en este fresco se encuentran, Platón (con el rostro de Leonardo da Vinci) y Aristóteles, en el centro de la

---

[109] Ibid.

escena, y a los flancos se hallan Heráclito (con el rostro de Miguel Ángel Buonarroti), Diógenes, Zenón de Elea, Epicuro, Averroes, Pitágoras, Parménides, Alejandro Magno, Jenofonte, Sócrates, Plotino, Homero, Euclides o Arquímedes (con el rostro del arquitecto Bramante), Ptolomeo y Apeles (con el rostro del propio Rafael Sanzio).

En contraposición a las obras renacentistas, las corrientes de arte contemporáneo –entre ellas, el impresionismo, el surrealismo y el arte abstracto–, influenciadas por el neomarxismo, se caracterizan por la ausencia de valores trascendentes y, muchas veces, por el vacío existencial y la irracionalidad. Los pintores del expresionismo abstracto –por mencionar una de estas corrientes– plasman en sus obras:

> *(Un) estilo abstracto biomórfico, composiciones con formas que semejan estructuras de plantas u animales protozoicas o amiboideas creadas espontáneamente; así como garabatos y símbolos primitivos o cósmicos: círculos, discos; contenido surreal, simbólico y sexual, ausencia de profundidad y tridimensionalidad y –en última instancia es la– expresión del estado psíquico del artista en el momento de realizar la pintura.*[110]

En el *Museo de Arte Moderno de Nueva York* (MOMA), se pueden ver pinturas de autores como, por ejemplo, Mark Rothko, pintor estadounidense nacido en Letonia con el nombre de Marcus Rothkowitz, cuyas obras plasman solo colores, sin figuras específicas ni mensaje alguno. El sentido de sus obras se lo otorga cada uno, de acuerdo con sus propias elucubraciones. Sin embargo, sus obras se venden hasta por un valor de 80 millones de dólares.[111]

Más incomprensibles todavía son las obras del pintor estadounidense Jackson Pollock, uno de los principales exponentes del expresionismo abstracto. Su estilo se caracteriza por chorrear pintura (*dripping*). Sobre sus propias pinturas, Pollock dijo

> *Continúo alejándome de las herramientas tradicionales de los pintores como los caballetes, las paletas y pinceles, etc. Prefiero varitas, palas de jardinero, cuchillos y pintura diluida o empaste con arena,*

---

[110] Ausane. *Expresionismo abstracto*. Disponible en
http://tinyurl.com/mrxmrbf8
[111] Villa, Angelica. *The Most Expensive Works by Mark Rothko Sold at Auction*. Art News. Septiembre 2021. Disponible en
http://tinyurl.com/bdmem58j

vidrios rotos o cualquier otro material añadido. Cuando estoy "dentro" de mi pintura, no soy consciente de lo que estoy haciendo. Tan solo después de un periodo de "aclimatación" me doy cuenta de lo que ha pasado. No tengo miedo a hacer cambios, destruir la imagen, etc., porque la pintura tiene vida propia [112]

Increíblemente, al igual que ocurrió con Rothko, una de las obras de Pollock se vendió en el año 2006 por 115 millones de euros.[113]

El arte y la política están íntimamente relacionados, porque aquel sirve para inculcar un código de valores, que, al impregnarse inadvertidamente en la sociedad a través de la cultura, moldea la forma de pensar de los ciudadanos, sin que estos se den cuenta. Por eso, el comunista Antonio Gramsci insistía en lograr la hegemonía cultural, para que el socialismo se impusiera sin tener que usar la violencia.

---

[112] Darie, Roberta. *El expresionismo abstracto*. Café Convertes. Enero, 2021. Disponible en http://tinyurl.com/yc8eecc2

[113] García, C. *Jackson Pollock: ¿cuánto cuesta su cuadro más caro?* La Razón. Enero, 2021. Disponible en http://tinyurl.com/4jxyjk7t

Lo cierto es que, si se puede convencer a una persona de que un urinario, como el de Marcel Duchamp, o un lienzo hecho con pintura chorreada, son obras de arte, por las cuales vale la pena pagar millones de dólares, entonces también se le puede persuadir, por ejemplo, de la tesis de Judith Butler, según la cual el sexo no viene dado por la naturaleza sino por la "autopercepción".

Cabe preguntarse ¿Por qué en un mismo período –el del Renacimiento– hubo tantos artistas tan extraordinarios y por qué en otras épocas no ha sido igual? ¿Se trata de una causalidad o fue el resultado de un plan deliberado? La misma interrogante podría hacerse respecto a los compositores del clasicismo alemán o los poetas y escritores del siglo de oro español.

En mi opinión, hubo varias circunstancias que permitieron el auge del Renacimiento, pero una de las más importantes fue, sin duda, la determinación de un sector político, económico y religioso que decidió auspiciarlo, dedicando para ello grandes esfuerzos y recursos.

Aunque en ese entonces no existía un Estado italiano, fomentar un movimiento artístico de gran envergadura fue lo que hoy se llamaría una "política pública", en la cual jugaron un rol fundamental –como mecenas y promotores– las familias Médici en 	Florencia, D'Este en Ferrara, los Sforza en Milán o los Gonzaga en Mantua, así como los Pontífices Julio II y León X, entre otros.[114]

---

[114] Pont, E. *Mecenas: los grandes impulsores del arte*. La Vanguardia. Abril, 2020. Disponible en http://tinyurl.com/5cburxxs

Conclusión

Para lograr sus fines de subvertir el orden y demoler los valores de la civilización occidental, la Escuela de Frankfurt y las corrientes de pensamiento similares, desarrollaron su proyecto en tres etapas, solapadas e interconectadas entre sí.

La primera corresponde a la elaboración de sus ideologías –expuestas en *La guerra cultural del Foro de Sao Paulo*[115]– como, por ejemplo, la ya mencionada "teoría crítica", la tesis respecto a que la "personalidad autoritaria" dio origen al nazismo y el tema de la "represión del eros" como principal fuente de la violencia, entre muchas otras.

La segunda corresponde al proceso de difusión de sus ideas, por medio de centenares de libros, clases en universidades, charlas y conferencias en decenas de ciudades y, sobre todo, el uso de los medios de comunicación de masas, cuyo boom coincidió con el apogeo de la

---

[115] Peña Esclusa, Alejandro. *Arte clásico y buen gobierno.* Ediciones Fuerza Productiva. Caracas. Febrero 2008.

Escuela de Frankfurt, como se expuso en el capítulo 1.

Sin embargo, lanzar un ideario neomarxista no era suficiente. Había que forzar a las naciones a adoptarlo a través de políticas públicas. Para alcanzar esta meta, la izquierda no solo se infiltró en las universidades, en los medios de comunicación y en la cultura, como propuso Gramsci, sino también en la burocracia de los organismos multilaterales, como la Organización de Estados Americanos, la Unión Europea y, muy especialmente, la ONU..

Fue debido a esta infiltración que la ONU se convirtió en la principal impulsora de las políticas maltusianas de reducción poblacional, disfrazando sus intenciones con un nuevo lenguaje: "políticas de salud", "derechos de la mujer", "maternidad segura" y "paternidad responsable".[116]

La Unión Europea adoptó oficialmente la ideología de género, por medio de la aprobación de los *Principios de Yogyakarta,* que exigen a los programas educativos cambiar el pensamiento de los niños y adolescentes, para que estos perciban el comportamiento no heterosexual como "normal" y puedan "escoger" entre las diversas orientaciones sexuales e identidades de género.[117]

---

[116] Ibid, cap. 6

En muchos casos, los organismos multilaterales, agencias para el desarrollo y organizaciones no gubernamentales, supeditan el apoyo económico a que se cumplan sus programas de control poblacional y a que se apliquen las teorías de género, cambio climático y multiculturalismo. Esto es sumamente grave, puesto que los funcionarios de estas organizaciones no son elegidos por el pueblo, y, sin embargo, pretenden imponer su pensamiento único a gobiernos legítimamente electos.

En este sentido, habría que liberar a las organizaciones multilaterales de las ideologías neomarxistas que las tienen secuestradas, para que recuperen la verdadera misión para las cual fueron creadas, es decir, la paz, el desarrollo, la justicia, la armonía entre las naciones, y la defensa de los derechos y de la dignidad humana.

Para revertir una operación como la descrita en este libro, hace falta promover un renacimiento moral y cultural en gran escala, como se hizo en Europa durante el período conocido como *Quattrocento*. Como primer paso, habría que rescatar el arte clásico del confinamiento en el que se encuentra, para darlo a conocer a todos los ciudadanos. No se trata, por supuesto, de que este

---

[117] Ibid, cap. 14.

arte antiguo se adopte como cultura actual, sino que sirva de base para inspirar a nuevos artistas en el mundo de hoy.

Convendría promover un plan de difusión del arte clásico, mediante conciertos subsidiados y visitas a museos; así como también impulsar la elaboración de libros y la realización de conferencias, videos, películas y encuentros internacionales sobre este tema.

Los gobiernos, al entender el daño que el marxismo cultural causa a la sociedad, podrían modificar los programas de estudios, para garantizar que todo bachiller conozca lo básico de la historia del arte clásico, así como los principales exponentes, sus obras, y los principios que los inspiraban.

Adicionalmente, las autoridades gubernamentales, en conjunto con la empresa privada, podrían dedicar esfuerzo y presupuesto a fomentar –mediante becas, concursos y premios– a jóvenes artistas a fin de que plasmen sus capacidades creativas en obras de literatura, poesía, teatro, música, pintura, escultura y arquitectura. Artistas que busquen combinar la belleza, con la verdad, el bien y el amor, como lo hicieron en su momento los genios renacentistas.

Si aquellos grandes hombres pudieron realizar semejantes portentos, también hoy los jóvenes de nuestra época, donde quiera que se encuentren, pueden soñar no solo con convertirse en nuevos Da Vinci, Raffaello, Beethoven y Brunelleschi, sino también en dominar el microcosmos y conquistar el espacio exterior.

¡Que así sea!

Apéndice: Carta los jóvenes desde la cárcel

En el año 2010, el gobierno de Hugo Chávez decidió detenerme injustamente en la cárcel de *El Helicoide*, por las denuncias que venía haciendo en contra de su gobierno y en contra del Foro de Sao Paulo.

Estuve encerrado durante un año –sin que hubiese una orden de detención y sin que hubiese un juicio (14 años después no ha comenzado)– en un calabozo de 2 metros de ancho por dos metros de largo. No tenía acceso a la luz natural, ni al aire fresco.

Al igual que Florestán, en la ópera *Fidelio* de Beethoven, me sentía exclamar "¡Dios! ¡Qué oscuridad hay aquí!" (¡Gott! ¡Welch Dunkel híer!). Sin embargo, la fuerza de la fe, una gran esposa como Eleonora, el amor de mis hijas, el apoyo de mis amigos, y la inspiración de los personajes del arte clásico, me ayudaron a soportar la cárcel.

Fue en esas circunstancias que sentí la necesidad de escribir una carta a los jóvenes, la cual incluyo como apéndice en este texto.

Queridos jóvenes:

Al cumplirse un mes de mi injusto encarcelamiento, sentí el deseo de comunicarme con ustedes, convencido de que mis palabras podrían serles útiles.

La mayor aspiración de todo ser humano –especialmente intensa en los jóvenes– es alcanzar la felicidad; pero, según mi experiencia personal, ésta se encuentra de forma que podríamos llamar misteriosa.

Dado que nuestro cuerpo es animal, pero nuestra alma es angelical; existen tendencias contrapuestas dentro de nosotros. La parte animal nos tienta a buscar la felicidad en los aspectos materiales, como lo son los placeres, el dinero, la satisfacción egoísta, etcétera.

Ésta fue la opción que yo escogí en mi juventud. Venezuela era un país pujante, había estabilidad política y dinero en abundancia, y todo profesional universitario tenía su futuro económico asegurado. Así que, recién graduado de la Universidad Simón Bolívar, ya era dueño de mi propia empresa, tenía dinero, propiedades, carro, y al cabo de pocos años, incluso hasta una avioneta.

Me dediqué al trabajo, al deporte (obteniendo triunfos para Venezuela en numerosos campeonatos de artes marciales), a las fiestas, a los viajes placenteros y, en fin, a disfrutar la vida.

Sin embargo, pese a las apariencias, no era feliz; sentía un gran vacío dentro de mí.

No me sentía a gusto disfrutando, cuando a mi alrededor observaba tanta pobreza y tantas diferencias sociales. Además, comprendí que el sistema democrático venezolano era insostenible, si no se hacían cambios fundamentales.

Pese a la aparente bonanza, producto del ingreso petrolero, Venezuela se estaba desmoronando moral y económicamente. Esto se hizo evidente en febrero de 1983, cuando se produjo la primera devaluación del bolívar, lo que se conoció como el «viernes negro».

Al cumplir los treinta años –luego de pasar por una crisis existencial, derivada de aquellas reflexiones– cometí lo que cualquiera consideraría una «locura»: vendí todo lo que tenía, decidí dedicarme a la política, y comencé a elaborar un proyecto capaz de convertir a Venezuela en una potencia industrial, para lo cual estudié las experiencias históricas de Estados Unidos, Alemania y Japón, así como el caso exitoso del Plan Marshall, que sirvió para reconstruir Europa, luego de la Segunda Guerra Mundial.

Estaba convencido de que el bienestar que había observado en Estados Unidos, Europa, y otros países que había visitado durante mis viajes, no podía ser propiedad exclusiva de otras nacionalidades. Si ellos habían podido alcanzar el desarrollo, ¿Qué nos impedía a nosotros lograrlo?

Confieso que los primeros años de mi actividad política fueron muy duros y llenos de incomprensión; sin embargo, por fin comencé a experimentar –aunque levemente– un sentimiento de plenitud hasta ese entonces desconocido para mí; lo cual me animó a seguir adelante, pese a las dificultades. El sentimiento de plenitud se fue incrementando con el paso del tiempo, a medida que avanzaba en mi preparación intelectual y obtenía algunos incipientes logros políticos.

Afortunadamente, conseguí una maravillosa mujer que compartía mi «locura» por Venezuela. Nos casamos, tuvimos tres hijas, y hace poco cumplimos 20 años de matrimonio estable, muy fructífero y lleno de amor. Este apoyo fue fundamental para continuar mi camino con perseverancia y firmeza.

Cuando el señor Chávez llegó al poder en 1998, ya yo contaba con 44 años. Había alcanzado la madurez política e intelectual suficiente para enfrentar con éxito su proyecto castro-comunista, como en efecto he venido haciéndolo. Modestia aparte, he sido tan exitoso en mi labor, que a Chávez no le quedó otro remedio que encarcelarme, para tratar –sin lograrlo– de frenar mis iniciativas.

Paradójicamente, estos últimos doce años, aunque cargados de problemas, han sido los más felices de mi vida; sin renegar de los años anteriores. Ciertamente, me llena de tristeza ver a mi país destruyéndose; pero en medio de esa tragedia, soy feliz, porque no vivo para satisfacerme a mí mismo, sino para hacer el bien a mi patria, a mi familia, y a mis amigos.

Y justamente en eso consiste la verdadera felicidad: en olvidarse de sí mismo (al fin y al cabo, somos seres mortales) y en entregarse a una causa trascendente; sirviendo a los demás y construyendo el bien común.

Con esto no quiero censurar los placeres que proporciona la vida; sino afirmar que estas diversiones cobran otro sentido –más humano y verdadero– cuando están ordenadas según una causa superior.

Ustedes viven una Venezuela muy distinta a la de mis años jóvenes. Actualmente, sólo se perciben problemas; existe un descontento y un desánimo generalizados; y, peor aún, el futuro parece truncado. Sin embargo, visto desde una perspectiva diferente, la Venezuela de hoy les da la oportunidad de asumir mayores retos y responsabilidades; de preocuparse por asuntos trascendentes; de luchar por su futuro, por el de sus seres queridos, y por el de todos sus compatriotas; en fin, les permite orientar su vida hacia lo angelical contenido en su alma, en lugar de dedicarla a satisfacer la parte animal que yace en el cuerpo.

Comentaba al principio de esta carta que la felicidad se consigue de manera misteriosa. Ejemplo de ello es mi situación actual: supuestamente yo debería estar triste y resentido, porque me encerraron injustamente, acusándome de un horrendo delito que no cometí; y sin embargo, ocurre todo lo contrario; nunca me había sentido tan orgulloso, tan útil a mi patria, y tan contento conmigo mismo, por haber actuado con patriotismo y con rectitud. Sin duda, soy un hombre feliz y plenamente realizado.

Esa —mis queridos jóvenes— es la lección que quisiera transmitirles hoy. La felicidad se encuentra cuando la vida está orientada a un fin superior.

Sean felices, pero construyendo el bien. Amen sin límite, pero de forma ordenada. Respeten y quieran a sus parejas, buscando su bienestar más que el suyo propio. Ríanse a carcajadas, pero a la vez dedíquense al prójimo. Estudien mucho, pero no por obligación, sino por el placer de aprender. Sean valientes, pero no temerarios. Y, en fin, disfruten la vida con alegría, pero también cumplan con la vocación que Dios ha puesto en su corazón.

Finalmente, quiero enviarles un mensaje de esperanza y de optimismo. La triste situación política que vive el país es temporal. Pronto se abrirán nuevos caminos para los venezolanos. Pongan su fe en Dios y su confianza en la patria que los vio nacer. Les prometo un futuro mejor.

Queridos jóvenes, desde mi «hermana cárcel» les reitero: ¡No tengan miedo! ¡Ánimo, tengan esperanza!

Alejandro Peña Esclusa
Prisionero político
12 de agosto de 2010
Presidente de UnoAmérica
Presidente de Fuerza Solidaria
www.fuerzasolidaria.org[118]

---

[118] Peña Esclusa, Alejandro. *Carta a los jóvenes*. Fuerza Solidaria. Agosto, 2010. Disponible en https://fuerzasolidaria.org/?p=3452